# Comunicazione Nonviolenta: Guida Definitiva per Migliorare le Tue Relazioni e Creare Connessioni Autentiche

## Sviluppa Abilità Empatiche, Risolvi Conflitti in Modo Costruttivo e Promuovi la Pace nella Tua Vita

Francesca Bernabei

1. **Introduzione a NVC (Comunicazione Nonviolenta)**: Fornire una panoramica di cosa sia la Comunicazione Nonviolenta, chi l'ha sviluppata (Marshall Rosenberg) e quali siano i suoi obiettivi principali.

2. **I Quattro Componenti**: Descrivere i quattro componenti della NVC: osservazione, sentimento, bisogno, richiesta, spiegando come ognuno contribuisce al processo di comunicazione.

3. **Osservazione Senza Giudizio**: Spiegare l'importanza di osservare senza giudicare, fornendo esempi pratici e suggerimenti su come sviluppare questa abilità.

4. **Espressione dei Sentimenti**: Guidare il lettore a riconoscere e esprimere i propri sentimenti, distinguendo tra sentimenti e pensieri/pensieri giudicanti.

5. **Riconoscimento dei Bisogni**: Discutere sull'identificazione dei bisogni, sia propri che altrui, e su come questa consapevolezza possa influire sulla comunicazione.

6. **Formulare Richieste Chiare**: Offrire strumenti e consigli per formulare richieste in modo chiaro, diretto e positivo.

7. **L'Ascolto Empatico**: Approfondire il ruolo dell'ascolto empatico nella NVC e fornire tecniche per sviluppare questa competenza.

8. **Autocompatimento**: Esplorare il concetto di autocompatimento e come può essere integrato nella pratica della NVC.
9. **Uso della NVC in Conflitto**: Illustrare come la NVC possa essere utilizzata per risolvere i conflitti e migliorare la qualità delle relazioni.
10. **Pratica e Esercizi**: Fornire esercizi pratici e situazioni ipotetiche per aiutare il lettore a integrare i principi della NVC nella vita quotidiana.
11. **Storie di Successo**: Condividere storie reali di individui o gruppi che hanno utilizzato con successo la NVC per migliorare le loro relazioni.
12. **NVC e la Parentela**: Discutere l'applicazione della NVC nella vita familiare e nelle relazioni con i bambini.
13. **NVC nel Lavoro**: Esaminare come la NVC possa essere applicata nel contesto lavorativo per migliorare la collaborazione e ridurre i conflitti.
14. **NVC e la Comunità**: Esplorare l'utilizzo della NVC a livello comunitario e in contesti sociali più ampi.
15. **Ostacoli e Sfide**: Analizzare gli ostacoli comuni all'applicazione della NVC e fornire suggerimenti su come superarli.
16. **Risorse e Approfondimenti**: Elencare risorse aggiuntive, libri, corsi, e siti web per chi desidera approfondire la NVC.

17. **Integrazione con Altre Pratiche**: Esaminare come la NVC possa essere integrata con altre pratiche di comunicazione e di sviluppo personale.

18. **La NVC nel Mondo Digitale**: Riflettere sull'applicazione della NVC nei contesti digitali, social media e comunicazione online.

19. **Critiche e Controversie**: Presentare le principali critiche rivolte alla NVC e le risposte dei suoi sostenitori.

20. **Conclusione e Riflessioni Finali**: Concludere con una riflessione sulla rilevanza della NVC nel mondo contemporaneo e sugli impatti potenziali per il futuro delle relazioni umane.

1. Introduzione a NVC (Comunicazione Nonviolenta): Fornire una panoramica di cosa sia la Comunicazione Nonviolenta, chi l'ha sviluppata (Marshall Rosenberg) e quali siano i suoi obiettivi principali.

## 1. Introduzione a NVC (Comunicazione Nonviolenta)

La Comunicazione Nonviolenta (NVC) è una metodologia di comunicazione e una filosofia di vita fondata sulle relazioni autentiche e compassionate tra gli esseri umani. È stata sviluppata da Marshall Rosenberg a partire dagli anni '60 del XX secolo, ed è nata dalla sua profonda convinzione che, al di là dei comportamenti appresi e delle strutture sociali, ogni individuo possiede una capacità innata di compassione e comprensione reciproca.

**Marshall Rosenberg**: Marshall Rosenberg (1934-2015) fu un psicologo clinico americano, educatore e mediatore. La sua esperienza con la segregazione razziale nella sua città natale di Detroit, negli Stati Uniti, insieme alla sua formazione in psicologia, lo portò a sviluppare la NVC come strumento per promuovere la pace e la riconciliazione. Attraverso la sua vita, Rosenberg ha condotto seminari e workshop in tutto il mondo, diffondendo i principi della NVC e formando una comunità globale di formatori e praticanti.

**Obiettivi principali della NVC**: La NVC mira a:

- **Connettività Umana**: Creare una connessione autentica tra gli individui basata sulla comprensione reciproca.

- **Espressione Autentica**: Aiutare le persone ad esprimere i propri sentimenti e bisogni in modo chiaro e non giudicante.

- **Ascolto Empatico**: Sviluppare la capacità di ascoltare gli altri senza giudizio, mettendosi nei loro panni e cercando di comprendere le loro emozioni e esigenze.

- **Risoluzione dei Conflitti**: Fornire strumenti per risolvere i conflitti in modo costruttivo, dove entrambe le parti si sentono ascoltate e le loro esigenze vengono prese in considerazione.

- **Promozione della Pace**: Applicare questi principi non solo nelle relazioni interpersonali ma anche in contesti più ampi, come comunità, organizzazioni e persino a livello globale, per promuovere la pace e la comprensione.

In sintesi, la Comunicazione Nonviolenta è molto più di una semplice tecnica di comunicazione: è un approccio alla vita che promuove l'armonia, la comprensione e la cooperazione tra gli esseri umani. Essa ci incoraggia a vedere oltre le barriere artificiali e a riconoscere l'umanità condivisa che ci unisce tutti.

La Comunicazione Nonviolenta (NVC) è un'evoluzione nel modo in cui l'umanità guarda alla comunicazione e alle relazioni interpersonali. Marshall Rosenberg, il fondatore della NVC, ha spesso parlato della sua visione della comunicazione come un atto sacro, un ponte che può connettere gli individui attraverso differenze apparentemente insormontabili. La NVC non è solo una serie di tecniche, ma rappresenta una trasformazione radicale nella nostra percezione degli altri e di noi stessi.

Rosenberg si è imbattuto in numerose sfide e resistenze nel suo viaggio per promuovere la NVC. Tuttavia, attraverso i suoi sforzi incansabili, ha dimostrato che è possibile superare ostacoli enormi con il potere della comunicazione compassiva. Ad esempio, la NVC è stata utilizzata in contesti di conflitto, come scuole, prigioni e zone di guerra, dimostrando che può essere uno strumento efficace per la mediazione e la risoluzione dei conflitti.

Uno dei concetti fondamentali della NVC è che tutti gli esseri umani hanno bisogni universali. Questi bisogni non sono né buoni né cattivi; sono semplicemente umani. Tuttavia, le strategie che utilizziamo per soddisfare questi bisogni possono portare a conflitti. La NVC ci insegna a esprimere questi bisogni in modo che possano essere compresi dagli altri e, allo stesso tempo, ci insegna ad ascoltare con empatia i bisogni degli altri.

Alcuni potrebbero scambiare la NVC per una forma di pacifismo passivo o per un metodo che evita il conflitto. In realtà, la NVC ci incoraggia ad affrontare il conflitto, ma in un modo che mira alla comprensione e alla collaborazione piuttosto che alla dominazione o alla sottomissione. Invece di vedere il conflitto come una lotta di potere, la NVC lo vede come un'opportunità per una maggiore connessione e comprensione.

Rosenberg era fermamente convinto che la lingua che usiamo spesso riflette e rafforza modelli culturali di giudizio, dominazione e colpa. Questi modelli, secondo lui, sono radicati in molte delle nostre strutture sociali, compresi i media, l'istruzione e il governo. La NVC, quindi, non è solo un cambiamento nel modo in cui parliamo, ma anche nel modo in cui pensiamo e percepiamo il mondo intorno a noi.

Un altro pilastro della NVC è l'idea che dietro ogni azione, anche le più violente o distruttive, c'è un bisogno non soddisfatto. Questa prospettiva non giustifica o minimizza comportamenti dannosi, ma offre una lente attraverso la quale possiamo vedere le

motivazioni umane in un modo più compassionevole. Questo può aiutarci a trovare soluzioni creative ai conflitti che non si basano sulla punizione o sulla colpa, ma sulla comprensione e sulla cooperazione.
L'impatto globale della NVC è stato notevole. Formatori e praticanti della NVC si trovano in ogni angolo del mondo, applicando questi principi in una vasta gamma di contesti. Ci sono storie di persone che hanno utilizzato la NVC per risolvere conflitti familiari, per migliorare le relazioni sul lavoro, e perfino per mediare in situazioni di guerra. Questo universale risonare della NVC dimostra che, nonostante le nostre molteplici differenze culturali e personali, c'è una sete universale di connessione autentica e di comprensione reciproca.

La Comunicazione Nonviolenta (NVC) è radicata nella convinzione che la compassione non sia una qualità che abbiamo o non abbiamo, ma piuttosto un'abilità che può essere coltivata. Marshall Rosenberg, attraverso le sue osservazioni e esperienze, ha compreso che molte delle lingue tradizionali del mondo sono impregnate di espressioni che classificano e giudicano, piuttosto che promuovere la comprensione e la connessione. La NVC, quindi, non si limita a dare voce ai sentimenti e ai bisogni, ma rappresenta un profondo cambio di paradigma nella nostra interazione e comprensione reciproca.

Uno degli aspetti più rivoluzionari della NVC è la sua applicabilità trasversale. Mentre molte metodologie di comunicazione sono progettate per specifici contesti o problemi, la NVC può essere efficacemente applicata in qualsiasi situazione in cui la comunicazione e la connessione siano cruciali. Dal dialogo tra due persone in una relazione intima, ai negoziati di pace tra nazioni in conflitto, la NVC fornisce gli strumenti per una comprensione profonda e per costruire ponti di connessione.

L'approccio non giudicante della NVC si riflette nell'idea che ogni individuo agisce in risposta ai propri bisogni. Questa prospettiva shifta il focus dalla moralizzazione dei comportamenti al comprendere le motivazioni che stanno dietro. Questo può essere particolarmente potente in situazioni di grave conflitto o incomprensione, dove l'attribuzione di colpe e intenti negativi può creare ulteriori divisioni.

Marshall Rosenberg aveva spesso raccontato come, in numerose occasioni, si fosse trovato in mezzo a gruppi di persone in forte disaccordo o addirittura in situazioni potenzialmente pericolose. Usando solo gli strumenti della NVC, era riuscito a creare uno spazio di ascolto e comprensione, permettendo ai presenti di vedere oltre le proprie difese e preconcetti.

Un altro aspetto fondamentale della NVC è la sua focalizzazione sull'ascolto. Nel mondo moderno, siamo spesso così concentrati sul trasmettere il nostro punto di vista o difendere le nostre posizioni, che dimentichiamo l'importanza di ascoltare veramente. La NVC ci ricorda che l'ascolto è una parte fondamentale della comunicazione. Ascoltare con empatia non significa solo udire le parole dell'altro, ma connettersi profondamente con i suoi sentimenti e bisogni. Questo tipo di ascolto può trasformare relazioni, risolvere conflitti e creare un profondo senso di comprensione e connessione.

Inoltre, la NVC sfida la concezione tradizionale di potere. Invece di vedere il potere come la capacità di dominare o controllare gli altri, la NVC propone una visione del potere con gli altri, un potere condiviso basato sulla cooperazione e sulla connessione. Questo cambio di prospettiva ha il potenziale di rivoluzionare non solo le nostre relazioni personali, ma anche le strutture sociali e politiche in cui viviamo.

Infine, la NVC non è solo una metodologia, ma una continua pratica e un impegno. Imparare la NVC non significa solo acquisire una nuova serie di competenze comunicative, ma impegnarsi in un percorso di crescita personale e consapevolezza. Esige una profonda riflessione su come percepiamo noi stessi, gli altri e il mondo intorno a noi. E, come qualsiasi pratica, richiede impegno, pazienza e, soprattutto, compassione.

Un altro aspetto profondo della Comunicazione Nonviolenta riguarda la sua natura trasformativa. Essa ha il potere di trasformare non solo il modo in cui comunichiamo, ma anche come percepiamo e interpretiamo il mondo intorno a noi. Ad esempio, mentre molte culture e società sono impregnate di dualismi come "buono/cattivo" o "giusto/sbagliato", la NVC ci incoraggia a guardare al di là di queste dicotomie e a vedere le sfumature e la complessità delle esperienze umane.

La Comunicazione Nonviolenta, come suggerisce il nome, si basa fortemente sul rifiuto della violenza, sia fisica che verbale. Ma cosa significa esattamente "nonviolenza" in questo contesto? Non si tratta solo dell'assenza di aggressione, ma di un approccio proattivo che cerca di comprendere, connettersi e rispondere alle esigenze di tutti gli individui coinvolti. La nonviolenza nella NVC è vista come un atto di compassione, non come una mera reazione passiva all'aggressione.

Il fondamento della NVC è radicato nella convinzione che ogni persona abbia una capacità intrinseca per la compassione e l'empatia. Molti di noi, tuttavia, hanno imparato modelli di comunicazione che sopprimono o distorcono questa capacità naturale. Stiamo parlando di comportamenti appresi, spesso radicati in anni di socializzazione e condizionamento culturale. La NVC, quindi, può essere vista come un processo di "disimparare" questi modelli distruttivi e riavvicinarsi alla nostra natura compassionevole e connessa.

Un concetto importante legato alla NVC è l'idea del "gioco della vita" contrapposto al "gioco del potere". Nel gioco del potere, gli individui cercano di dominare, controllare o manipolare gli altri per ottenere ciò che vogliono. Questo può portare a relazioni disfunzionali, conflitti e incomprensioni. Al contrario, nel "gioco della vita", gli individui cercano di connettersi, comprendere e collaborare gli uni con gli altri. Questo approccio può portare a relazioni più sane, soddisfacenti e armoniose.

La NVC pone anche una forte enfasi sull'autenticità. Invece di nascondere, minimizzare o esagerare i nostri sentimenti e bisogni, siamo incoraggiati ad esprimerci in modo onesto e aperto. Questo richiede coraggio, soprattutto in situazioni in cui temiamo di essere giudicati o respinti. Tuttavia, l'autenticità può portare a una maggiore connessione e comprensione, poiché permette agli altri di vedere chi siamo veramente e cosa ci sta a cuore. Un altro punto di riflessione riguarda la differenza tra richieste e esigenze. Nella comunicazione tradizionale, spesso facciamo "richieste" che suonano come esigenze o ordini. Questo può portare a resistenza o conflitto, poiché l'altra persona può sentirsi pressata o manipolata. La NVC ci insegna a formulare richieste chiare che rispecchiano i nostri veri bisogni, senza imporre o esigere. Questo tipo di richiesta apre la porta alla cooperazione e alla collaborazione, piuttosto che alla resistenza.

La bellezza della Comunicazione Nonviolenta sta nel fatto che non è solo una tecnica o una strategia, ma una vera e propria filosofia di vita. Può influenzare il modo in cui vediamo noi stessi, gli altri e il mondo intorno a noi. Attraverso la pratica della NVC, possiamo riavvicinarci alla nostra natura essenziale di esseri compassionevoli e connessi.

Il viaggio nella comprensione e nell'applicazione della Comunicazione Nonviolenta (NVC) ci porta in un percorso di introspezione e riflessione profonda sulle dinamiche delle nostre interazioni. Ogni conversazione, ogni interazione, diventa un'opportunità per praticare e vivere i principi della NVC, trasformando la qualità delle nostre relazioni e dell'ambiente che ci circonda. Un aspetto meno discusso, ma altrettanto cruciale della NVC, è il suo rapporto con la cultura e l'identità. In un mondo globalizzato e interconnesso, siamo esposti a una miriade di culture, tradizioni e modi di pensare. Ogni cultura ha il suo proprio linguaggio emotivo e set di norme comunicative. La NVC, con la sua enfasi sull'umanità condivisa e sui bisogni universali, può servire come ponte tra queste differenze apparentemente insuperabili, facilitando la comprensione e la collaborazione interculturale. La pratica della NVC richiede anche una certa dose di umiltà. Riconoscere che non abbiamo sempre tutte le risposte, e che a volte le nostre prime reazioni o giudizi possono essere fuorvianti, è fondamentale. Ciò implica anche accettare e accogliere le nostre imperfezioni e vulnerabilità. In un mondo che spesso premia la certezza e la forza, l'adozione di un approccio umile e aperto può sembrare controintuitivo. Tuttavia, è proprio attraverso questa umiltà che possiamo veramente ascoltare e connetterci con gli altri.

Marshall Rosenberg credeva fermamente che la violenza verbale e fisica fosse una manifestazione di una comunicazione distorta e di bisogni insoddisfatti. Ecco perché ha dedicato gran parte della sua vita a lavorare in alcune delle zone più conflittuali del mondo. Credendo nel potenziale trasformativo della NVC, Rosenberg sperava di offrire alle persone gli strumenti per rompere cicli di violenza e incomprensione, creando comunità più pacifiche e connesse.

La NVC ci insegna anche a vedere la bellezza e il valore nelle piccole interazioni quotidiane. Un semplice scambio con un collega, una breve conversazione con un estraneo o un momento di connessione con un amico: ogni interazione diventa un'opportunità per praticare l'ascolto empatico e l'espressione autentica. In un mondo frenetico e spesso distratto, questo focus sulla qualità della comunicazione quotidiana può avere effetti profondi sul nostro benessere e sulla qualità delle nostre relazioni.

Inoltre, mentre la NVC può sembrare a prima vista un insieme di "regole" o "linee guida" per la comunicazione, in realtà è molto di più. È un invito a vivere con maggiore consapevolezza, cura e intenzionalità. Non si tratta solo di "cosa" diciamo, ma di "come" lo diciamo, e, più importantemente, del "perché" lo diciamo. Questo richiede un'attenta riflessione sui nostri motivi, desideri e intenzioni, e spesso ci sfida a guardare onestamente e criticamente a noi stessi. Tuttavia, è anche importante notare che la NVC non è una panacea. Non risolve tutti i problemi o elimina tutti i conflitti. Ma offre una cornice e degli strumenti che possono aiutare le persone a navigare questi conflitti con maggiore comprensione, compassione e creatività. In un mondo in cui la divisione, l'incomprensione e l'alienazione sono spesso la norma, la NVC offre una luce di speranza e una visione di un modo diverso, più connesso e amorevole, di essere insieme.

La Comunicazione Nonviolenta, essendo radicata nella comprensione empatica e nella compassione, ha la potenzialità di rivoluzionare non solo il modo in cui interagiamo con gli altri, ma anche il modo in cui ci percepiamo a livello individuale. La pratica della NVC spinge a una maggiore autoconsapevolezza, costringendoci a riflettere sulle profonde motivazioni dietro alle nostre parole e azioni.

L'applicazione della NVC si estende ben oltre gli scambi verbali. In realtà, può essere vista come una forma d'arte, in cui ogni interazione diventa una danza di dare e ricevere, di esprimere e ascoltare, di connettere e comprendere. E come ogni forma d'arte, richiede pratica, dedizione e, a volte, un coraggioso confronto con le proprie insicurezze e paure.

Una delle sfide più grandi nel praticare la NVC può essere superare anni, se non decenni, di condizionamenti sociali e culturali. Molte società tendono a valorizzare la competizione, l'assertività e l'indipendenza, spesso a scapito della connessione, della cooperazione e dell'interdipendenza. La NVC sfida queste norme, proponendo un modello di comunicazione che pone la connessione e la comprensione reciproca al centro.

Questo non significa che la NVC scoraggi la fermezza o l'assertività. Anzi, la capacità di esprimere chiaramente e onestamente i propri sentimenti e bisogni è una componente fondamentale della NVC. Tuttavia, ciò che differenzia la NVC da altre forme di comunicazione assertiva è la sua enfasi sull'ascolto empatico e sulla connessione autentica. È una forma di assertività che non cerca di sopraffare o dominare, ma di creare uno spazio di comprensione reciproca e collaborazione.

Marshall Rosenberg aveva osservato come, in molte culture, veniamo "educati" fin da piccoli a reprimere o distorcere i nostri veri sentimenti e bisogni. Siamo incoraggiati a conformarci, a "andare d'accordo", a non "fare storie". Questo può portare a una sorta di disconnessione da noi stessi, dove perdiamo il contatto con ciò che veramente sentiamo e desideriamo. La NVC ci invita a riconnetterci con quella parte di noi, a riconoscere e onorare i nostri sentimenti e bisogni autentici.

La profondità della NVC sta anche nel riconoscere che ogni individuo ha una storia, un contesto e una serie di esperienze che influenzano il modo in cui percepiscono e reagiscono al mondo. Quando ascoltiamo con empatia, non stiamo semplicemente ascoltando le parole di una persona, ma cercando di entrare nel suo mondo, di vedere le cose dalla sua prospettiva. Questo tipo di ascolto profondo può essere trasformativo, non solo per chi riceve l'empatia, ma anche per chi la offre.

La NVC ci sfida anche a guardare oltre le etichette e le categorie che spesso usiamo per definire e giudicare gli altri. Invece di vedere gli altri come "amici" o "nemici", "colleghi" o "competitori", la NVC ci invita a vedere ogni individuo come un essere umano unico, con i propri sentimenti, bisogni e aspirazioni. Questa prospettiva può avere profonde implicazioni per come ci rapportiamo agli altri, sia nelle nostre relazioni personali che in contesti più ampi come la politica, l'educazione e la società in generale.

Concludendo, la Comunicazione Nonviolenta è un paradigma profondo e rivoluzionario che mira a ristabilire la connessione tra gli individui in un mondo che spesso enfatizza divisioni, competizione e individualismo. Il suo fondatore, Marshall Rosenberg, attraverso osservazioni e pratica, ha delineato un metodo che non solo cambia il modo in cui parliamo, ma anche il modo in cui pensiamo, percepiamo e interagiamo.

La chiave della NVC risiede nella sua enfasi sull'autenticità, sull'ascolto empatico e sulla comprensione reciproca. Questo approccio rappresenta un cambio radicale rispetto ai modelli di comunicazione tradizionali basati su giudizi, interpretazioni e asserzioni. La NVC ci guida a scendere più in profondità, a toccare quel nucleo di bisogni e sentimenti universali che tutti condividiamo come esseri umani. È un promemoria potente che, al di là delle nostre differenze apparenti, esiste un terreno comune che può unirci.

L'applicazione pratica della NVC va ben oltre le tecniche di comunicazione. Si estende alla nostra percezione di noi stessi, delle persone intorno a noi e del mondo nel suo complesso. Richiede una profonda introspezione, una volontà di confrontare e sfidare i nostri preconcetti e bias e un impegno costante per coltivare la compassione e l'empatia.

La bellezza della NVC è che, mentre offre una struttura e una guida, non è rigida. Si adatta alle molteplici sfaccettature delle relazioni umane e può essere applicata in una miriade di contesti, dalla comunicazione interpersonale, ai contesti di lavoro, alla diplomazia internazionale.

Tuttavia, è essenziale sottolineare che la NVC non è una formula magica o una soluzione rapida. La sua efficacia risiede nella pratica costante e nell'intenzione genuina di creare connessioni autentiche. Richiede apertura, vulnerabilità e il coraggio di vedere e essere visti nella nostra umanità più profonda.

In un'epoca di divisioni profonde, conflitti e incomprensioni, la Comunicazione Nonviolenta emerge come una luce guida, una bussola che indica la via verso una comprensione e una collaborazione più profonde. Nel suo cuore, ci ricorda che, nonostante le molte sfide che affrontiamo come individui e come società, la connessione, la comprensione e la compassione sono non solo possibili, ma sono essenziali per il benessere e la prosperità collettiva.

2. I Quattro Componenti: Descrivere i quattro componenti della NVC: osservazione, sentimento, bisogno, richiesta, spiegando come ognuno contribuisce al processo di comunicazione.

## 2. I Quattro Componenti della NVC

La Comunicazione Nonviolenta si basa su quattro componenti fondamentali che, combinati insieme, creano un modo autentico e compassionevole di esprimersi e di ascoltare gli altri. Questi componenti sono: osservazione, sentimento, bisogno e richiesta. Ciascuno di essi ha un ruolo specifico nel facilitare una comunicazione chiara e connettiva. Esploriamo ogni componente più in dettaglio:

**1. Osservazione**: L'osservazione si riferisce all'atto di notare ciò che sta accadendo in un determinato momento senza giudizio o valutazione. Si tratta di descrivere una situazione in modo oggettivo, evitando interpretazioni o generalizzazioni. Per esempio, invece di dire "Sei sempre in ritardo", che contiene un giudizio, si potrebbe dire "Ho notato che sei arrivato dopo l'orario previsto per gli ultimi tre incontri". Questa chiarezza nell'osservazione evita inutili colpevolizzazioni e crea una base solida per una comunicazione efficace.

**2. Sentimento**: Il sentimento riguarda l'espressione delle emozioni o delle sensazioni che si stanno vivendo in relazione a ciò che si è osservato. Questo non dovrebbe essere confuso con pensieri o giudizi. L'espressione dei sentimenti permette all'altra persona di comprendere la tua reazione emotiva a una determinata situazione. Ad esempio, continuando l'esempio precedente, potresti dire "Quando noto che sei arrivato in ritardo, mi sento preoccupato".

**3. Bisogno**: Dietro ogni sentimento c'è un bisogno o un valore non soddisfatto. Questi bisogni sono universali e condivisi da tutti gli esseri umani, come il bisogno di amore, sicurezza, comprensione, ecc. Nell'esempio precedente, il bisogno potrebbe essere: "Ho un bisogno di affidabilità e prevedibilità nelle nostre interazioni". Riconoscere e esprimere questi bisogni può aiutare a creare una profonda connessione e comprensione tra le persone.

**4. Richiesta**: Infine, c'è la richiesta, che è una chiara espressione di ciò che desideri dall'altra persona per soddisfare il tuo bisogno. È essenziale che la richiesta sia formulata in modo positivo (cioè ciò che si desidera, piuttosto che ciò che non si desidera) e che sia specifica. Usando l'esempio precedente, la richiesta potrebbe essere: "Potresti dirmi in anticipo se prevedi di essere in ritardo per i nostri futuri incontri?" Una richiesta formulata in questo modo invita alla cooperazione piuttosto che alla difensività.

Combinando questi quattro componenti, la Comunicazione Nonviolenta crea un quadro per esprimersi in modo autentico e per ascoltare con empatia. Questo processo facilita la comprensione e la connessione tra le persone, consentendo una risoluzione dei conflitti più armoniosa e collaborativa. Ognuno di questi componenti contribuisce al processo di comunicazione assicurando che sia basato sulla realtà oggettiva (osservazione), sulla connessione emotiva (sentimento), sulla comprensione dei bisogni umani fondamentali (bisogno) e su un'azione costruttiva (richiesta).

La Comunicazione Nonviolenta, attraverso questi quattro componenti fondamentali, cerca di ristabilire una connessione autentica tra gli individui, che spesso viene persa in un vortice di giudizi, supposizioni e malintesi. Il potere di questi componenti risiede nella loro capacità di spogliare la comunicazione delle barriere che tipicamente la ostacolano, creando un terreno fertile per l'empatia e la comprensione.

**Osservazione** è la base su cui costruire una comunicazione genuina. In un'epoca di sovraccarico informativo e distrazione continua, la capacità di osservare senza giudizio è diventata una rara arte. Molte delle nostre interazioni quotidiane sono intrise di interpretazioni e valutazioni, spesso basate su preconcetti o pregiudizi. Tuttavia, quando ci atteniamo strettamente a ciò che è osservabile e concreto, evitiamo di cadere nella trappola delle supposizioni, creando un terreno comune su cui entrambe le parti possono convenire. Questo diventa la base oggettiva da cui parte una conversazione costruttiva.

Il **sentimento**, come componente, riafferma l'umanità nella comunicazione. In molte culture, esprimere emozioni viene spesso visto come un segno di debolezza o vulnerabilità, specialmente in contesti professionali o formali. Tuttavia, ignorare o reprimere i sentimenti non li fa scomparire; spesso, ciò può portare a tensioni sottostanti o a esplosioni emotive in seguito. Riconoscendo e nominando i propri sentimenti, si crea uno spazio per l'autenticità e si dà agli altri la possibilità di comprendere veramente la propria prospettiva emotiva.

Il riconoscimento dei **bisogni** porta la comunicazione a un livello più profondo. Ogni azione, ogni desiderio e ogni sentimento è alimentato da un bisogno sottostante. Avere consapevolezza di questi bisogni e riuscire a esprimerli chiaramente è fondamentale per una comunicazione efficace. Ciò diventa particolarmente evidente in situazioni di conflitto, dove le parti coinvolte potrebbero avere bisogni simili o complementari, ma potrebbero non riconoscerli a causa di divergenze superficiali. Esplorare e comprendere questi bisogni può illuminare vie di soluzione precedentemente nascoste.

Infine, la **richiesta** rappresenta l'azione nel processo di NVC. Una volta stabilita una base comune attraverso l'osservazione, condiviso il proprio stato emotivo e riconosciuto i bisogni, la richiesta dà una direzione su come procedere. Importante è la natura non esigente della richiesta in NVC. Non si tratta di ordinare o esigere, ma piuttosto di chiedere in modo che l'altra persona abbia la libertà di rispondere secondo le proprie capacità e desideri. Questo rispetto per l'autonomia altrui aumenta la probabilità di una risposta positiva e cooperativa.

Ogni componente della Comunicazione Nonviolenta si intreccia armoniosamente con gli altri, creando una danza di espressione e risposta che può trasformare radicalmente la qualità delle interazioni umane. La pratica continua e la dedizione a questi principi possono aprire la porta a un mondo di connessioni più profonde, di comprensione reciproca e di collaborazione autentica.

Nel mondo intricato delle interazioni umane, la Comunicazione Nonviolenta (NVC) emerge come un faro, guidando gli individui attraverso le sfumature e i meandri della comunicazione effettiva. Questa metodologia non si limita semplicemente a fornire strumenti per parlare o ascoltare meglio, ma invita a una profonda introspezione sulle motivazioni, i sentimenti e i desideri che alimentano ogni parola o gesto.
Il processo inizia con l'**osservazione**, un atto che potrebbe sembrare semplice, ma che in realtà è carico di complessità. Nella società odierna, siamo bombardati da stimoli costanti: notizie, pubblicità, conversazioni, notifiche. Questa sovraccarico rende sempre più difficile discernere i fatti dai giudizi o dalle interpretazioni. La capacità di osservare senza attaccamento o pregiudizio richiede una presenza mentale e un distacco che molti trovano sfidante. Ma è proprio questa capacità di vedere la realtà senza filtri che pone le fondamenta per una comunicazione genuina.

L'esplorazione dei **sentimenti** richiede un'altrettanto profonda introspezione. In molte culture e contesti, le emozioni vengono spesso marginalizzate o svalutate, in particolare quelle percepite come "negative". Tuttavia, ogni sentimento ha un valore e una funzione. La rabbia, ad esempio, può segnalare una violazione dei propri valori o bisogni, mentre la tristezza può indicare una perdita o un bisogno insoddisfatto. Attraverso la NVC, questi sentimenti non vengono semplicemente espressi, ma esplorati, dando l'opportunità di comprendere meglio sé stessi e gli altri.

Il concetto di **bisogni** in NVC va ben oltre le necessità fisiche o materiali. Si estende ai bisogni psicologici, sociali e spirituali che costituiscono il tessuto dell'esperienza umana. Riconoscere e onorare questi bisogni è cruciale per una comunicazione efficace. Quando i bisogni vengono trascurati o non soddisfatti, possono emergere tensioni e conflitti. La NVC offre una cornice per identificare e articolare questi bisogni in modo costruttivo.

La **richiesta** nella NVC è un passo verso l'azione, ma differisce dalle richieste tradizionali in quanto è priva di coercizione. Invece di aspettarsi una determinata risposta o cercare di manipolare l'outcome, una richiesta in NVC è veramente una richiesta. Ciò incoraggia

l'autonomia e la libertà di scelta, rendendo più probabile una risposta positiva e autentica.
Oltre ai quattro componenti principali, la NVC enfatizza anche l'importanza dell'ascolto empatico. Ciò significa entrare veramente nel mondo dell'altro, cercando di comprendere i suoi sentimenti e bisogni senza giudizio o interpretazione. Questo tipo di ascolto può creare un profondo senso di connessione e comprensione, costruendo ponti in situazioni di conflitto o incomprensione.
Inoltre, la NVC riconosce che la comunicazione non è un atto isolato. Ogni conversazione esiste all'interno di un contesto più ampio di relazioni, culture e esperienze passate. La NVC invita a prendere in considerazione questo contesto più ampio, riconoscendo come possa influenzare la comunicazione e cercando di costruire una comprensione reciproca al di là delle barriere apparenti.

In sintesi, i quattro componenti della Comunicazione Nonviolenta rappresentano una bussola essenziale nel vasto paesaggio delle interazioni umane. Essi forniscono una struttura e una guida, ma, ancora più fondamentalmente, invitano a una profonda riflessione e consapevolezza in ogni fase della comunicazione.

L'**osservazione** si pone come la fondamenta, sollecitando una percezione attenta e non giudicante del mondo esterno. In un'era caratterizzata da opinioni rapide e giudizi affrettati, l'abilità di osservare con obiettività e chiarezza è preziosa. È il primo passo per garantire che la comunicazione sia basata sulla realtà e non su interpretazioni distorte.

Il **sentimento** offre una finestra sul mondo interiore, una chiave per comprendere le motivazioni e le reazioni emotive che sottendono le parole e le azioni. Esprimere apertamente i sentimenti in modo autentico elimina le supposizioni e consente una connessione più profonda tra le persone, riducendo al contempo il potenziale di malintesi.

I **bisogni** rappresentano le forze trainanti dietro ogni sentimento. Riconoscere e articolare questi bisogni aiuta a comprendere ciò che veramente importa, fornendo al contempo una chiave per risolvere potenziali conflitti. In molti modi, la consapevolezza dei bisogni è il cuore pulsante della NVC, poiché sottolinea l'umanità condivisa e i desideri universali che legano tutti gli esseri umani.

La **richiesta**, infine, trasforma la comprensione in azione. Ma non è una richiesta nel senso tradizionale; è un invito all'azione, formulato con rispetto e considerazione per l'autonomia dell'altro. Questo rispetto fondamentale per la libertà e la dignità dell'individuo è ciò che rende la NVC così unica e potente come strumento di comunicazione.

Per concludere, la Comunicazione Nonviolenta non è solo un insieme di tecniche o strategie, ma una filosofia di vita, un invito a interagire con gli altri con autenticità, compassione e rispetto. Questi quattro componenti, se applicati con intenzione e pratica costante, hanno il potere di trasformare non solo le singole interazioni, ma anche le relazioni, le comunità e, in definitiva, il tessuto stesso delle società. Essi offrono una roadmap verso un modo di comunicare e di essere che onora la profonda connessione e l'interdipendenza di tutti gli esseri umani.

3. Osservazione Senza Giudizio: Spiegare l'importanza di osservare senza giudicare, fornendo esempi pratici e suggerimenti su come sviluppare questa abilità.

## 3. Osservazione Senza Giudizio

**Importanza**: L'osservazione senza giudizio è uno degli aspetti fondamentali della Comunicazione Nonviolenta. Questa capacità ci consente di vedere le situazioni per ciò che realmente sono, piuttosto che attraverso il filtro dei nostri preconcetti, opinioni, o giudizi.

Guardare in modo oggettivo permette di creare una base comune di comprensione e riduce il potenziale di malintesi o conflitti.

Quando giudichiamo o etichettiamo una situazione o una persona, spesso chiudiamo la porta a una vera comprensione o empatia. I giudizi tendono a creare barriere, mentre le osservazioni neutre invitano al dialogo e alla connessione.

**Esempi pratici:**

1. **Situazione**: Un collega arriva tardi a una riunione.
   - **Giudizio**: "Luca è sempre irresponsabile e non rispetta il tempo degli altri."
   - **Osservazione senza giudizio**: "Ho notato che Luca è arrivato 15 minuti dopo l'orario stabilito per la riunione."

2. **Situazione**: Il tuo partner dimentica di fare la spesa come aveva promesso.
   - **Giudizio**: "Non si preoccupa mai delle nostre necessità domestiche."
   - **Osservazione senza giudizio**: "Mi sono reso conto che il frigorifero è ancora vuoto e non ci sono le cose che avevamo discusso per la spesa."

3. **Situazione**: Un amico non risponde ai tuoi messaggi da qualche giorno.
   - **Giudizio**: "È così egoista e non si preoccupa della nostra amicizia."

- **Osservazione senza giudizio**: "Non ho ricevuto risposta ai miei ultimi tre messaggi inviati a Marco questa settimana."

**Suggerimenti su come sviluppare questa abilità:**

1. **Pratica la Mindfulness**: La meditazione e altre pratiche di mindfulness ti aiutano a diventare più consapevole dei tuoi pensieri e sentimenti, rendendoti meno reattivo e più riflessivo. Quando sei consapevole delle tue reazioni interne, è più facile separare le osservazioni dai giudizi.

2. **Fai una pausa prima di reagire**: Quando noti un giudizio che emerge, prenditi un momento per fermarti e riflettere. Questo spazio ti dà l'opportunità di scegliere una risposta più ponderata e neutra.

3. **Formula le tue osservazioni in termini concreti**: Concentrati su ciò che puoi vedere, sentire, toccare, piuttosto che su interpretazioni o supposizioni.

4. **Tieni un diario**: Scrivi le situazioni che ti provocano reazioni emotive e cerca di descriverle in modo puramente osservativo. Con il tempo, noterai un cambiamento nel modo in cui percepisci e interpreti le situazioni.

5. **Chiedi feedback**: Parla con amici o colleghi di fiducia e chiedi loro di farti notare quando fai giudizi. A volte, avere un punto di vista esterno

può aiutare a riconoscere e correggere le proprie tendenze giudicative.
Incorporare l'osservazione senza giudizio nella propria comunicazione non è solo una tecnica, ma anche un cambiamento profondo nella percezione e nell'interazione con il mondo. Questa pratica, se coltivata, può portare a relazioni più autentiche, una maggiore comprensione di sé e degli altri, e può servire come fondamento per la costruzione di ponti di connessione in situazioni altrimenti cariche di tensione o di conflitto.

L'abilità di osservare senza giudizio è tanto semplice nella teoria quanto complessa nella pratica, poiché si contrappone a molti dei nostri condizionamenti e abitudini comunicative. Viviamo in un'epoca in cui l'attenzione è spesso guidata da rapidi giudizi e reazioni immediate, alimentate in parte dai media e dai social network che spesso premiano le risposte impulsive più che le riflessioni ponderate.
Il giudizio ha profonde radici nella psicologia umana. Spesso serve come meccanismo di difesa, permettendoci di categorizzare rapidamente le situazioni e le persone in termini di "sicuro" o "pericoloso", "amico" o "nemico". Queste categorizzazioni, utili in contesti primordiali,

possono tuttavia diventare barriere nella comunicazione moderna.

Il potere dell'osservazione senza giudizio risiede nel suo potenziale di creare spazi di apertura e curiosità. Invece di chiudersi dietro a un muro di preconcetti, l'individuo rimane aperto alla possibilità di scoprire qualcosa di nuovo o di vedere una situazione sotto una luce diversa. Questa apertura può portare a sorprendenti momenti di connessione e comprensione.

Ad esempio, considera una situazione in cui un amico sembra distante o evitare la tua compagnia. La reazione immediata potrebbe essere il giudizio: "Forse è arrabbiato con me" o "Deve avere problemi con la nostra amicizia". Tali giudizi possono innescare una serie di reazioni emotive e comportamentali, come il risentimento o l'evitamento. Tuttavia, se si sceglie l'approccio dell'osservazione senza giudizio, la prospettiva potrebbe essere: "Ho notato che l'ultimo paio di volte che ci siamo incontrati, sembrava un po' distante". Questa semplice constatazione può poi aprire la porta a una comunicazione aperta, come "C'è qualcosa di cui vorresti parlare?".

Per sviluppare ulteriormente questa abilità:
**Auto-riflessione**: Dedica del tempo a riflettere sulle tue reazioni. Quando ti trovi a giudicare, chiediti cosa ha innescato quel giudizio. Questa

auto-riflessione può aiutarti a comprendere meglio le tue proprie reazioni e a sviluppare una maggiore consapevolezza.

**Pratica l'ascolto attivo**: Concentrati veramente su ciò che l'altra persona sta dicendo, piuttosto che preparare mentalmente una risposta o un giudizio. Questo ti permette di ricevere l'informazione in modo più neutro e di rispondere in modo più calibrato.

**Espandi la tua prospettiva**: Esponiti a diverse culture, opinioni e esperienze. Più ti confronti con la diversità, più diventa facile accettare le differenze senza giudizio immediato.

**Chiediti "Perché?"**: Quando ti trovi di fronte a un giudizio, chiediti perché lo stai facendo. Questa semplice domanda può aiutarti a scavare più in profondità, a esplorare le tue paure, insicurezze o preconcetti.

Infine, riconoscere che l'osservazione senza giudizio è un percorso, non una destinazione. È improbabile che chiunque possa eliminar completamente i giudizi dalla propria comunicazione, ma con la pratica e la consapevolezza, è possibile ridurre la loro frequenza e intensità, creando così più spazio per la connessione, la comprensione e l'empatia.

Osservare senza giudizio è una forma d'arte comunicativa che va oltre le parole; tocca il cuore stesso della nostra interazione con il mondo. Essa richiede uno spostamento dalla reattività alla riflessività, richiedendo di abbracciare una postura di curiosità anziché di certezza.

Un aspetto cruciale dell'osservazione senza giudizio riguarda la nostra relazione con noi stessi. Prima di poter osservare gli altri senza giudizio, dobbiamo prima imparare a fare lo stesso con noi stessi. Questo implica riconoscere e accettare le nostre imperfezioni, debolezze e pregiudizi. Quando ci permettiamo di essere vulnerabili e autentici con noi stessi, diventa più facile estendere quella stessa gentilezza e comprensione agli altri.

In termini pratici, potremmo considerare la situazione in cui qualcuno ci offre un feedback. La reazione immediata potrebbe essere difensiva, interpretando il feedback come una critica. Tuttavia, con l'approccio dell'osservazione senza giudizio, potremmo invece vedere il feedback come una semplice osservazione, separando il commento dall'intento e valutando il suo merito senza farlo diventare personale.

Un altro aspetto da considerare è l'ambiente in cui viviamo. Viviamo in un'epoca di polarizzazione e di "camere dell'eco", dove spesso ci circondiamo di opinioni e persone che riecheggiano le nostre credenze. Questo può rafforzare i giudizi e ridurre la nostra capacità di osservare in modo imparziale. Sfida te stesso ad ascoltare punti di vista diversi e a entrare in spazi dove le tue credenze vengono messe in discussione. Questo non solo rafforzerà la tua capacità di osservare senza giudizio, ma anche arricchirà la tua comprensione del mondo.

E poi c'è la questione della pazienza. L'osservazione senza giudizio non è qualcosa che si acquisisce dall'oggi al domani. Si tratta di un percorso continuo che richiede pratica, riflessione e, soprattutto, pazienza. Ogni volta che riconosci un giudizio e scegli di rispondere con un'osservazione neutra, rafforzi questa abilità.

Uno strumento utile in questo percorso potrebbe essere la pratica della "sospensione del giudizio". Questo significa ritardare intenzionalmente la formazione di un giudizio, dando spazio per osservare, riflettere e comprendere. Ad esempio, quando si sente una notizia o si riceve una nuova informazione, invece di saltare immediatamente a una conclusione o formare un'opinione, si potrebbe prendere un momento per riflettere, fare domande e cercare di comprendere il contesto più ampio.

Inoltre, l'empatia gioca un ruolo cruciale nell'osservazione senza giudizio. Quando ci sforziamo di vedere il mondo attraverso gli occhi di un altro, diventa più facile comprendere le loro azioni e parole senza giudizio. Questo richiede di mettere da parte le proprie credenze e preconcetti per entrare veramente nel mondo dell'altro.

Infine, l'umiltà è una compagna indispensabile in questo viaggio. Riconoscere che non abbiamo tutte le risposte, che le nostre prospettive sono limitate e che ci sono sempre nuove cose da imparare può aiutarci a rimanere aperti e curiosi, abbracciando l'arte dell'osservazione senza giudizio nella sua interezza.

L'abilità di osservare senza giudizio si annida nell'incrocio tra comprensione e auto-consapevolezza. Questo non si limita a essere uno strumento per una comunicazione efficace, ma rappresenta una filosofia più ampia per navigare le complessità delle relazioni umane e della nostra percezione della realtà.

L'essenza dell'osservazione senza giudizio è trattenere l'impulso di etichettare, categorizzare o valutare immediatamente ciò che percepiamo, consentendoci invece di percepire le situazioni o le azioni al loro valore nominale. Questo approccio crea una pausa benefica tra stimolo e risposta, fornendo lo spazio necessario per una reazione più ponderata e informata.

Nei contesti pratici, l'osservazione senza giudizio può portare a una serie di benefici tangibili. Riduce il potenziale di conflitti basati su malintesi o preconcetti. Favorisce una comunicazione più aperta, autentica e costruttiva. E, forse più importantemente, permette agli individui di connettersi su un piano più profondo, trascendendo le barriere create dai giudizi precipitosi o dai pregiudizi radicati.

Per esemplificarlo ulteriormente, prendiamo l'esempio di un team di lavoro. In un ambiente in cui le persone sono rapide nel giudicare le idee o i contributi degli altri, l'innovazione può essere soffocata e la collaborazione può diventare difficile. Tuttavia, in un ambiente dove l'osservazione senza giudizio è praticata, le idee possono fluire liberamente, le persone si sentono più valorizzate e la collaborazione diventa più organica e produttiva.

Sviluppare questa abilità richiede un impegno attivo. Richiede di sfidare e rielaborare vecchie abitudini e modi di pensare. Necessita di introspezione e, a volte, di confrontarsi con le proprie insicurezze o pregiudizi. Tuttavia, gli sforzi per coltivare l'osservazione senza giudizio sono ampiamente ricompensati dalla ricchezza delle connessioni e delle interazioni che ne risultano.

Concludendo, l'osservazione senza giudizio non è solo una componente essenziale della Comunicazione Nonviolenta, ma una competenza vitale per chiunque desideri navigare il tessuto delle relazioni umane con maggiore empatia, comprensione e connessione autentica. In un mondo in cui le divisioni sembrano sempre più profonde e i malintesi sempre più frequenti, l'abilità di osservare senza giudizio emerge come un baluardo di speranza, promettendo un futuro in cui possiamo tutti vedere e apprezzare gli altri per ciò che sono veramente, al di là delle etichette e dei pregiudizi.

4. Espressione dei Sentimenti: Guidare il lettore a riconoscere e esprimere i propri sentimenti, distinguendo tra sentimenti e pensieri/pensieri giudicanti.

## 4. Espressione dei Sentimenti

**Il valore di riconoscere i propri sentimenti**: I sentimenti sono manifestazioni emotive della nostra esperienza interna in relazione a ciò che accade intorno a noi. Essi sono reazioni naturali che forniscono informazioni preziose sul nostro stato d'animo e sui nostri bisogni. Riconoscere e articolare i nostri sentimenti ci aiuta a comprendere meglio noi stessi e a comunicare efficacemente con gli altri. Quando esprimiamo autenticamente i nostri sentimenti, non solo ci facciamo capire meglio, ma creiamo anche spazi di vulnerabilità e connessione.

**Sentimenti vs Pensieri/Giudizi**: È comune confondere i sentimenti con i pensieri o i giudizi. Mentre i sentimenti sono reazioni emotive pure e dirette, i pensieri o i giudizi sono interpretazioni o valutazioni di una situazione. Per esempio:

- **Sentimento**: "Mi sento triste."
- **Pensiero/Giudizio**: "Penso che lui non si preoccupi di me."

In questo esempio, la tristezza è un sentimento autentico, mentre il pensiero che "lui non si preoccupi di me" è un'interpretazione o un giudizio sulla situazione.

**Guida alla riconoscenza e all'espressione dei sentimenti**:

1. **Autoconsapevolezza**: Prima di poter esprimere i tuoi sentimenti, devi essere in grado di riconoscerli. Questo può richiedere un momento di introspezione. Chiediti: "Come mi sento veramente in questo momento?".
2. **Utilizzare un lessico emotivo**: Avere un ampio vocabolario di parole legate ai sentimenti può aiutarti ad articolare meglio le tue emozioni. Esplora parole come "frustrato", "euforico", "apprezzato" o "overwhelmed" per descrivere le tue esperienze interne.

3. **Evita le interpretazioni**: Quando esprimi i tuoi sentimenti, cerca di evitare di inserire interpretazioni o giudizi. Ad esempio, invece di dire "Mi fai sentire trascurato", potresti dire "Mi sento trascurato quando non ricevo una risposta ai miei messaggi".

4. **Pratica l'ascolto di te stesso**: Ogni volta che sperimenti una reazione emotiva forte, prenditi un momento per esplorare quella sensazione. Cosa l'ha innescata? È una risposta a un bisogno soddisfatto o non soddisfatto?

5. **Differenzia tra sentimenti e pensieri**: Quando esprimi un sentimento, verifica con te stesso se stai davvero esprimendo un'emozione o piuttosto un pensiero o un giudizio. Le frasi come "Mi sento come se tu..." o "Mi sento che dovresti..." sono spesso preludi a pensieri o giudizi, non a veri sentimenti.

6. **Cerca feedback**: Parlando con amici di fiducia o terapisti, puoi ricevere feedback sul modo in cui esprimi i tuoi sentimenti e sugli eventuali pensieri o giudizi che potresti involontariamente inserire.

   L'abilità di riconoscere e esprimere autenticamente i propri sentimenti è fondamentale per una comunicazione genuina e per costruire relazioni profonde. Avere la capacità di distinguere tra sentimenti e pensieri o giudizi assicura che la tua comunicazione sia chiara e che tu stia davvero condividendo il tuo mondo interiore, piuttosto che proiettare interpretazioni o aspettative sugli altri. In un mondo in cui la superficialità può predominare, l'autenticità dell'espressione dei sentimenti emerge come una bussola, guidando verso connessioni più profonde e significative.

Esprimere adeguatamente i sentimenti è tanto una scienza quanto un'arte. Al centro di questa pratica c'è un profondo senso di onestà ed esplorazione di sé. Il nostro paesaggio emotivo è vasto e intricato, e ogni individuo ha una matrice unica di sentimenti che possono emergere in risposta a innumerevoli stimoli.
In molti contesti culturali e sociali, siamo stati condizionati a sopprimere o mascherare certi sentimenti, specialmente quelli che potrebbero essere percepiti come segni di debolezza o vulnerabilità. Questo può portare a un distacco da se stessi, con conseguente difficoltà nel riconoscere o articolare genuinamente le proprie emozioni.
Quando parliamo di sentimenti, non ci riferiamo solo alle emozioni manifeste come felicità, tristezza o rabbia. Ci sono sfumature più sottili, come la malinconia, la nostalgia, l'euforia o la serenità. Riconoscere queste sfumature può

arricchire enormemente la nostra capacità di comunicare e connettersi con gli altri.

Un aspetto cruciale nell'espressione dei sentimenti è la differenza tra responsabilità e colpa. Ad esempio, dire "Mi fai sentire inadeguato" attribuisce la causa del proprio sentimento all'altra persona, suggerendo che hanno il potere di controllare le tue emozioni. Invece, esprimere "Mi sento inadeguato quando la discussione si concentra sulle mie debolezze" localizza il sentimento nell'io, ma collega l'emozione a un evento specifico, evitando di incolpare l'altra persona.

Allo stesso modo, è essenziale evitare di confondere i sentimenti con le identità. Dire "Sono un perdente" o "Sono rotto" trasforma un sentimento temporaneo o una reazione in un'identità fissa. È molto più costruttivo e accurato dire "Mi sento sconfitto in questo momento" o "Mi sento sopraffatto ora".

E poi, c'è il ruolo cruciale della vulnerabilità. Mostrare i propri veri sentimenti, specialmente quelli che potrebbero essere percepiti come deboli o negativi, richiede coraggio. Ma è anche attraverso queste manifestazioni di vulnerabilità che si possono costruire le connessioni più profonde e autentiche.

Sviluppare l'abilità di riconoscere e articolare i propri sentimenti richiede pratica e, in molti casi, un certo grado di rieducazione emotiva. Può essere utile coinvolgersi in attività come la terapia, la meditazione o la scrittura di un diario per esplorare e sviscerare il proprio paesaggio emotivo.

L'importanza di esprimere i propri sentimenti non può essere sottolineata abbastanza. Oltre a favorire connessioni autentiche con gli altri, ci consente di connetterci più profondamente con noi stessi, di comprendere i nostri bisogni e desideri, e di navigare il mondo con una maggiore consapevolezza e intenzionalità. A sua volta, questo può portare a una maggiore soddisfazione, benessere e un senso di appartenenza e comprensione nel vasto tessuto delle esperienze umane.

Esprimere i propri sentimenti, oltre ad essere un atto di comunicazione con gli altri, è fondamentalmente un atto di onestà con se stessi. Vivere in sintonia con le proprie emozioni permette una vita più autentica e armoniosa, liberando spesso energie represse e dando spazio a una maggiore chiarezza mentale.

Per molte persone, l'esplorazione del proprio paesaggio emotivo può essere un viaggio sorprendente. Ci sono sentimenti che potrebbero essere stati soppressi o ignorati per anni, spesso a causa di traumi, aspettative sociali o semplice mancanza di consapevolezza. Riconoscere questi sentimenti può essere confrontante, ma è anche il primo passo verso la guarigione e la crescita personale.

L'arte di distinguere tra sentimenti e pensieri giudicanti può essere complicata, dato che viviamo in una società in cui spesso vengono premiate le reazioni rapide e i giudizi affrettati. Tuttavia, iniziare a discernere tra questi due può avere un impatto profondo sul modo in cui percepiamo noi stessi e gli altri.

Ad esempio, potresti avere un collega che spesso interrompe gli altri durante le riunioni. Un pensiero giudicante potrebbe essere: "È così arrogante e manca di rispetto". Mentre un sentimento associato a tale comportamento potrebbe essere: "Mi sento frustrato e non ascoltato quando vengo interrotto". Qui, il sentimento viene espresso senza attribuire un'etichetta o un giudizio all'individuo, concentrandosi invece sulla propria esperienza emotiva.

L'ambiente in cui cresciamo ha un ruolo fondamentale nel modellare il nostro rapporto con i sentimenti. Se si cresce in un ambiente in cui l'espressione emotiva è scoraggiata o punita, potrebbe diventare difficile da adulti identificare e verbalizzare i propri sentimenti. Al contrario, crescere in un ambiente in cui i sentimenti vengono riconosciuti e validati può fornire gli strumenti per navigare il proprio mondo interiore con maggiore facilità.

Alcuni passi pratici per approfondire questa capacità includono:

- **Riflessione profonda**: Passa del tempo da solo, in un ambiente tranquillo, e fai attenzione a come ti senti in risposta a diverse situazioni. Questo può aiutare a costruire un maggiore legame con il proprio io interiore.

- **Pratica la consapevolezza del corpo**: Le emozioni non sono solo esperienze mentali; spesso si manifestano fisicamente. Fare attenzione alle sensazioni fisiche può offrire indizi sui sentimenti sottostanti.

- **Usa le risorse**: Esistono numerosi libri, corsi e seminari dedicati all'intelligenza emotiva e alla capacità di identificare e esprimere i sentimenti. Investire in queste risorse può fornire strumenti e tecniche preziose.

- **Sii paziente e gentile con te stesso**: Riconoscere e esprimere i sentimenti è un percorso, e come tutti i percorsi, ci possono essere ostacoli, deviazioni e momenti di incertezza. L'importante è continuare a muoversi, riconoscendo i progressi e imparando dai momenti di difficoltà.

Infine, vale la pena notare che, mentre esprimere i sentimenti è cruciale, è altrettanto importante farlo in modo costruttivo e rispettoso. Ciò significa trovare il momento e il modo giusto per condividere, ascoltare attivamente l'altro e cercare di comprendere il loro punto di vista, e infine, essere aperti al feedback e alla possibilità di crescita continua.

Nel tessuto delle nostre interazioni quotidiane, i sentimenti giocano un ruolo centrale, anche se spesso non ne siamo completamente consapevoli. Questa sottigliezza delle emozioni e la loro pervasività nelle nostre vite sottolineano l'importanza di sviluppare una relazione profonda e attenta con loro.
Mentre la società evolve, c'è una crescente comprensione del valore dell'intelligenza emotiva. Le persone con una forte intelligenza emotiva non solo riescono a navigare meglio nelle proprie emozioni, ma tendono anche a stabilire relazioni più salutari, a risolvere i conflitti in modo più efficace e ad avere una maggiore soddisfazione nella vita. Centrali in tutto ciò sono le capacità di riconoscere, esprimere e regolare i propri sentimenti.
**Il ruolo della cultura e dell'educazione**: La nostra capacità di interagire con i nostri sentimenti è profondamente influenzata dalla cultura e dall'ambiente in cui cresciamo. In alcune culture, l'espressione emotiva può essere

vista come segno di debolezza o come inappropriata, mentre in altre può essere celebrata come un segno di autenticità e onestà. Allo stesso modo, all'interno di una singola cultura, diverse famiglie o comunità possono avere approcci molto diversi all'espressione dei sentimenti. Questi contesti possono plasmare non solo come scegliamo di esprimere le nostre emozioni, ma anche come le percepiamo e come reagiamo ad esse.

**I sentimenti come guida**: I sentimenti possono funzionare come una sorta di bussola interna, segnalando quando qualcosa non va, quando un bisogno non è soddisfatto o quando ci troviamo di fronte a una decisione importante. Ad esempio, un persistente senso di malcontento potrebbe segnalare che è il momento di fare un cambiamento nella propria vita, mentre una sensazione di euforia potrebbe indicare che si è sulla strada giusta. Imparare a "ascoltare" questi segnali emotivi può essere una risorsa inestimabile nella presa di decisioni e nell'auto-comprensione.

**La sfida della modernità**: Nel nostro mondo sempre connesso e frenetico, può essere difficile trovare il tempo e lo spazio per sintonizzarsi con se stessi e con i propri sentimenti. La constante stimolazione dai media, la pressione per essere sempre "attivi" e la cultura della gratificazione immediata possono portare a una disconnessione dai propri sentimenti veri. Eppure, nonostante queste sfide, o forse proprio a causa di esse, non è mai stato così importante rafforzare la connessione con il proprio mondo interiore.

**Tecniche di introspezione**: Oltre ai metodi già discussi, esistono numerose tecniche che possono aiutare nella scoperta e nell'espressione dei sentimenti. La terapia artistica, ad esempio, può offrire un mezzo attraverso il quale esprimere emozioni quando le parole possono non bastare. Allo stesso modo, la pratica dello yoga e della meditazione guidata può aiutare a sintonizzarsi con le sensazioni fisiche e mentali, fornendo preziose intuizioni sui sentimenti sottostanti.

**Il potere della vulnerabilità**: Brené Brown, una ricercatrice e storyteller, ha parlato estensivamente del potere della vulnerabilità. Sostenendo che la vulnerabilità è la fonte della nostra creatività, connessione e amore, ha enfatizzato l'importanza di abbracciare i nostri sentimenti, anche quelli che potrebbero sembrare scomodi o difficili, come parte integrante dell'esperienza umana.

In sintesi, mentre la strada per riconoscere e articolare pienamente i propri sentimenti può essere tortuosa e piena di sfide, è anche una di profonda scoperte e connessioni autentiche. Ogni passo verso una maggiore consapevolezza emotiva è un passo verso una vita più ricca e comprensiva.

L'espressione dei sentimenti, nella sua essenza, è una delle competenze fondamentali che definiscono l'esperienza umana. I sentimenti non sono solo reazioni emotive temporanee, ma piuttosto i segnali che ci guidano, ci informano e ci connettono al tessuto più ampio della nostra esistenza. La capacità di identificare, comprendere e articolare questi sentimenti è essenziale non solo per la nostra crescita personale, ma anche per la qualità delle nostre interazioni e relazioni.

La sfida, tuttavia, risiede nell'ambiguità e nella complessità delle emozioni umane. A differenza di molte altre funzioni o risposte biologiche, i sentimenti non sono sempre chiari o lineari. Possono essere sfumati, contraddittori e spesso influenzati da una miriade di fattori esterni e interni. La cultura, l'educazione, le esperienze personali, le aspettative sociali e persino la biologia giocano un ruolo nel modellare come sentiamo, come interpretiamo e come esprimiamo queste emozioni.

Ecco perché è cruciale distinguere tra sentimenti e pensieri o giudizi. Mentre i sentimenti sono le risposte emotive dirette e spesso involontarie alle nostre esperienze, i pensieri o i giudizi sono le nostre interpretazioni o valutazioni di queste esperienze. Confluenzare i due può portare a confusioni, malintesi e, in molti casi, a conflitti non necessari.

L'importanza di questa distinzione diventa particolarmente evidente nelle interazioni sociali. Quando siamo in grado di comunicare i nostri sentimenti in modo puro, senza mescolarli con giudizi o interpretazioni, creiamo un terreno fertile per l'empatia, la comprensione e la connessione autentica. Permette agli altri di vedere la nostra vulnerabilità e la nostra autenticità, e apre la porta a una comunicazione più sincera e aperta.

D'altra parte, la mancanza di consapevolezza o la riluttanza a esprimere autenticamente i sentimenti può portare a una serie di problemi. Questi possono variare dalla semplice insoddisfazione o incomprensione nelle relazioni quotidiane, alla repressione emotiva e ai problemi di salute mentale a lungo termine.

In conclusione, esplorare, comprendere ed esprimere i propri sentimenti non è solo una competenza comunicativa. È un viaggio di autoscoperta, un impegno con se stessi e con il mondo circostante. E mentre la strada può essere costellata di sfide e incertezze, i benefici di una tale impresa sono incommensurabili. Attraverso l'espressione autentica dei sentimenti, non solo miglioriamo la qualità delle nostre interazioni e relazioni, ma anche arricchiamo la tessitura delle nostre vite, guadagnando una comprensione più profonda di chi siamo e di come ci relazioniamo con il mondo.

5. Riconoscimento dei Bisogni: Discutere sull'identificazione dei bisogni, sia propri che altrui, e su come questa consapevolezza possa influire sulla comunicazione.

## 5. Riconoscimento dei Bisogni

**L'essenza dei bisogni**: Al centro della Comunicazione Nonviolenta (NVC) e, in effetti, della natura umana, ci sono i bisogni. Questi bisogni rappresentano le aspirazioni fondamentali, i desideri e le necessità che guidano il nostro comportamento e influenzano le nostre decisioni. Alcuni di questi bisogni sono fisici, come cibo, acqua e riparo, mentre altri sono emotivi o psicologici, come l'approvazione, la connessione e la sicurezza.

**L'importanza dell'identificazione dei bisogni**: Riconoscere e comprendere i propri bisogni e quelli degli altri è fondamentale per una comunicazione efficace. Quando non siamo consapevoli dei nostri bisogni o di quelli degli altri, le interazioni possono diventare facilmente conflittuali o insoddisfacenti. Ad esempio, una persona potrebbe esprimere frustrazione o rabbia, ma ciò che realmente cerca potrebbe essere riconoscimento o comprensione. Se riusciamo a vedere oltre le parole o i comportamenti e a identificare i bisogni sottostanti, possiamo rispondere in modo più empatico e costruttivo.

**Strumenti per l'identificazione dei bisogni**:

1. **Auto-riflessione**: Prenditi del tempo per riflettere sulle tue reazioni ed emozioni. Chiediti: "Qual è il bisogno sottostante che non viene soddisfatto?".

2. **Ascolto attivo**: Quando interagisci con gli altri, cerca di ascoltare non solo ciò che viene detto, ma anche ciò che potrebbe non essere espresso direttamente. Poni domande che possano aiutare a chiarire o approfondire ciò che l'altra persona sta cercando di comunicare.

3. **Chiedere apertamente**: Se non sei sicuro di quali siano i bisogni di una persona, non esitare a chiedere. Una domanda come "Cosa ti serve in questo momento?" può aprire un dialogo costruttivo e chiarificatore.

4. **Utilizzare una lista di bisogni**: Marshall Rosenberg, il fondatore della NVC, ha fornito una lista di bisogni comuni. Avere questa lista a portata di mano può servire come utile

riferimento sia per identificare i propri bisogni che per aiutare a riconoscere quelli degli altri.

**Impatto sulla comunicazione**: Quando le persone sono consapevoli dei propri bisogni e di quelli altrui, la comunicazione diventa più chiara, diretta e autentica. Invece di girare attorno al problema o di esprimere sentimenti senza un contesto chiaro, le persone possono articolare ciò di cui hanno realmente bisogno. Questo non solo riduce le probabilità di malintesi, ma può anche portare a soluzioni più soddisfacenti per tutte le parti coinvolte.

Inoltre, quando si riconoscono e si validano i bisogni degli altri, si costruisce un terreno di comprensione e empatia. Questo riconoscimento può ridurre la difensività, promuovere la connessione e facilitare la risoluzione dei conflitti.

**Conclusione**: Il riconoscimento dei bisogni è una delle colonne portanti della Comunicazione Nonviolenta e di qualsiasi interazione significativa. Questa consapevolezza ci consente non solo di comunicare più efficacemente, ma anche di costruire relazioni più profonde, comprensive e autentiche. Attraverso la continua pratica dell'identificazione dei bisogni, possiamo avvicinarci a un mondo in cui le interazioni sono guidate dall'empatia, dalla comprensione e dal rispetto reciproco.

Oltre alle fondamenta già delineate sull'importanza dei bisogni nella comunicazione, approfondiremo ulteriormente il ruolo centrale che i bisogni giocano nel determinare la qualità delle nostre interazioni e la nostra comprensione di noi stessi e degli altri.

**I bisogni come linguaggio universale**: Indipendentemente dalla cultura, dalla lingua o dal background, tutti gli esseri umani hanno bisogni. Questi bisogni, sebbene possano manifestarsi in modi diversi, sono universali. Che si tratti di un bisogno di appartenenza, di amore, di sicurezza o di autonomia, possiamo tutti riconoscere e simpatizzare con questi impulsi fondamentali. Questa universalità ci offre un terreno comune, una sorta di "lingua madre" attraverso la quale possiamo connetterci con gli altri.

**I bisogni sottostanti nelle interazioni quotidiane**: Pensa alle piccole irritazioni o ai malintesi che potrebbero sorgere nella vita di tutti i giorni. Dietro un collega che sembra troppo esigente potrebbe esserci un bisogno di riconoscimento o di competenza. Dietro un partner che sembra distante potrebbe esserci un bisogno di spazio o di sicurezza. Imparare a "tradurre" le azioni e le parole in bisogni sottostanti può trasformare il modo in cui percepiamo e rispondiamo alle situazioni.

**Bisogni vs Strategie**: È cruciale distinguere tra bisogni e strategie. Mentre i bisogni sono universali e invariabili, le strategie sono i metodi specifici che scegliamo per soddisfare quei bisogni. Ad esempio, due persone potrebbero avere lo stesso bisogno di riconnessione, ma una potrebbe scegliere di leggere un libro mentre l'altra potrebbe preferire una lunga passeggiata nella natura. Riconoscere questa distinzione può prevenire conflitti e malintesi, consentendo alle persone di essere flessibili nelle loro strategie pur rimanendo fedeli ai loro bisogni.

**La resilienza attraverso la consapevolezza dei bisogni**: Comprendere i propri bisogni può portare a una maggiore resilienza. Quando siamo consapevoli di ciò di cui abbiamo realmente bisogno, possiamo cercare modi efficaci e sani per soddisfare quei bisogni. Questo riduce la probabilità di adottare comportamenti autodistruttivi o di cercare di soddisfare un bisogno in modi che potrebbero non essere ottimali.

**Educazione ed espressione dei bisogni**: Purtroppo, molti di noi non sono stati educati a riconoscere o esprimere i propri bisogni. Questo può risultare in adulti che lottano per capire cosa vogliono veramente o che si sentono insoddisfatti senza sapere il perché. L'educazione e la formazione nella consapevolezza e nell'espressione dei bisogni potrebbero trasformare le relazioni, le carriere e la qualità della vita delle persone.

**Il potere dell'empatia**: Quando ci sintonizziamo sui bisogni degli altri e riflettiamo su di essi, stiamo mostrando empatia. Questa capacità di "mettersi nei panni" di qualcun altro e riconoscere i suoi bisogni sottostanti è un potente strumento di connessione. Può superare barriere, risolvere conflitti e costruire ponti di comprensione.

In definitiva, i bisogni sono i fili invisibili che collegano l'umanità. Sono ciò che ci motiva, ci guida e ci dà senso. Una profonda comprensione e apprezzamento dei bisogni - sia nostri che degli altri - può illuminare il cammino verso una comunicazione più autentica, compassionevole e efficace.

**La dinamica dei bisogni nelle relazioni**: Nelle relazioni interpersonali, la capacità di riconoscere e rispondere ai bisogni può avere un impatto profondo. Ad esempio, nelle relazioni di coppia, le incomprensioni spesso sorgono quando un partner non riconosce o non soddisfa i bisogni dell'altro, sia che si tratti di bisogni di affetto, di spazio personale, di supporto o di riconoscimento. Riconoscere questi bisogni e comunicarli apertamente può prevenire conflitti e rafforzare il legame della coppia.

**I bisogni nel contesto lavorativo**: Anche nel mondo del lavoro, la consapevolezza dei bisogni gioca un ruolo cruciale. Un dipendente potrebbe sentirsi insoddisfatto o demotivato non perché disprezzi il suo lavoro, ma perché ha bisogni insoddisfatti, come il bisogno di riconoscimento, di sfida o di equilibrio tra lavoro e vita privata. I leader e i manager che riconoscono e rispondono a questi bisogni possono migliorare notevolmente la soddisfazione e la produttività dei loro team.

**Bisogni sociali e comunitari**: Oltre ai bisogni individuali, esistono bisogni che sono intrinsecamente legati alla nostra natura sociale e comunitaria. Questi possono includere il bisogno di appartenenza, di contribuire alla società, di avere un senso di comunità e di vivere in un ambiente sicuro e solidale. La disconnessione o la mancanza di soddisfazione di questi bisogni può portare a sentimenti di isolamento, alienazione e insoddisfazione.

**Tecnologie e bisogni**: Nell'era moderna, la tecnologia ha introdotto nuove dinamiche nella forma e nella natura dei nostri bisogni. Ad esempio, i social media possono amplificare il bisogno di riconoscimento o approvazione, mentre allo stesso tempo possono attenuare il vero senso di connessione e appartenenza. Essere consapevoli di come le tecnologie influenzino e modellino i nostri bisogni è essenziale per navigare nel paesaggio digitale contemporaneo.

**I bisogni attraverso le fasi della vita**: Man mano che avanziamo nelle diverse fasi della nostra vita, i nostri bisogni possono cambiare e evolversi. Ad esempio, i bambini potrebbero avere un forte bisogno di sicurezza e approvazione, mentre gli adolescenti potrebbero lottare con bisogni di autonomia e identità. Man mano che entriamo nell'età adulta e nella vecchiaia, potremmo confrontarci con bisogni legati alla realizzazione, al significato, alla legacy e alla connessione.

**Il ruolo dell'educazione**: Incorporare l'educazione ai bisogni nelle scuole e nelle istituzioni educative potrebbe avere un impatto rivoluzionario. Insegnare ai giovani a riconoscere, comprendere ed esprimere i propri bisogni può dotarli degli strumenti per costruire relazioni più sane, prendere decisioni più informate e perseguire una vita di maggiore soddisfazione e scopo.

**I bisogni e la crescita personale**: Alla base di molte filosofie e pratiche di crescita personale c'è il concetto di riconoscere e soddisfare i propri bisogni. Che si tratti di tecniche di meditazione, terapia, coaching o qualsiasi altro metodo di sviluppo personale, l'obiettivo è spesso aiutare le persone a sintonizzarsi con se stesse, a riconoscere ciò di cui hanno veramente bisogno e a trovare modi per soddisfare quei bisogni in modo sano ed equilibrato.

In effetti, riconoscere e rispondere ai bisogni è un'abilità che permea ogni aspetto della nostra vita. È un elemento chiave nella costruzione di una vita di significato, connessione e soddisfazione. E mentre i bisogni specifici possono variare da individuo a individuo, il desiderio di essere compreso, valorizzato e connesso è universale.

**Il dialogo interno e i bisogni**: Ogni individuo ha un dialogo interno costante, una conversazione interna che spesso riflette i nostri bisogni più profondi. Questo dialogo può manifestarsi come autocritica, aspirazioni, ricordi o proiezioni nel futuro. Prendere consapevolezza di questo dialogo può offrire preziose intuizioni sui bisogni insoddisfatti. Ad esempio, una voce interna persistente che esprime dubbi può riflettere un bisogno insoddisfatto di rassicurazione o validazione.

**La flessibilità dei bisogni**: Mentre certi bisogni rimangono costanti, altri possono essere flessibili e adattarsi alle circostanze. Ad esempio, in un momento di crisi o di stress, il bisogno di

sicurezza potrebbe diventare predominante.
Durante periodi di stabilità e prosperità, i bisogni
di autorealizzazione e crescita possono emergere
con maggiore forza. Riconoscere la natura fluida
e dinamica dei bisogni aiuta a rispondere in
modo agile e appropriato alle diverse situazioni
della vita.

**Bisogni e conflitti**: Molti conflitti, sia a livello
individuale che collettivo, emergono da bisogni
in conflitto o percettualmente incompatibili. Ad
esempio, in una relazione, un individuo potrebbe
avere un forte bisogno di indipendenza, mentre
l'altro potrebbe avere un bisogno predominante
di vicinanza e connessione. Senza una
comunicazione efficace e una comprensione
reciproca, tali bisogni possono portare a tensioni
e incomprensioni. Tuttavia, con la
consapevolezza e le competenze comunicative
appropriate, è spesso possibile trovare soluzioni
che onorino i bisogni di entrambe le parti.

**I bisogni in contesti diversi**: La percezione e
l'importanza dei bisogni possono variare
notevolmente a seconda dei contesti culturali,
sociali e personali. In alcune culture, il bisogno di
appartenenza e di comunità potrebbe essere
particolarmente enfatizzato, mentre in altre,
l'individualismo e l'autonomia potrebbero essere
visti come supremi. Riconoscere queste
differenze culturali e contestuali è essenziale per

una comunicazione interculturale efficace e per la comprensione dei bisogni universali dell'umanità.

**L'evoluzione dei bisogni**: Con l'avanzare della tecnologia, dell'urbanizzazione e dei cambiamenti socioculturali, i bisogni dell'umanità stanno anche evolvendo. Mentre una volta i bisogni primari potevano riguardare la sopravvivenza fisica, oggi, in molte società avanzate, vi è un crescente enfasi sui bisogni psicologici e spirituali. Questa evoluzione richiede nuovi modi di pensare, comunicare e interagire.

**Il potenziale inespresso e i bisogni**: All'interno di ogni individuo c'è un vasto potenziale inespresso. Questo potenziale può rimanere latente fino a quando non vengono creati gli ambienti giusti o finché non si riconoscono e si soddisfano determinati bisogni. Ad esempio, una persona potrebbe scoprire una passione per l'arte solo quando viene esposto a un ambiente che nutre il bisogno di espressione creativa.

In definitiva, la comprensione dei bisogni offre una lente attraverso la quale possiamo vedere con maggiore chiarezza la condizione umana. Attraverso questa consapevolezza, abbiamo la possibilità di vivere vite più intenzionali, connesse e soddisfacenti.

La dinamica dei bisogni, siano essi fisici, emotivi, psicologici o spirituali, costituisce un aspetto fondamentale dell'esperienza umana e influisce profondamente sulla natura e sulla qualità delle nostre interazioni e comunicazioni. Ogni bisogno che emerge da noi o che percepiamo negli altri porta con sé un peso di significato e di intento, guidando comportamenti, reazioni ed emozioni. La capacità di identificare con precisione e rispondere a questi bisogni è una competenza inestimabile che va al di là della mera comunicazione; si tratta di un'abilità vitale che può migliorare la qualità delle nostre relazioni, arricchire la nostra comprensione di noi stessi e degli altri, e guidarci verso decisioni più informate e intenzionali in vari ambiti della vita. In un contesto relazionale, riconoscere i bisogni può fare la differenza tra un'interazione conflittuale e una costruttiva. Ad esempio, in una conversazione carica di tensione, la capacità di vedere oltre le parole e di identificare i bisogni sottostanti può trasformare un potenziale conflitto in un'opportunità per l'empatia, la comprensione e la connessione.
Nel mondo lavorativo, un leader che comprende e risponde ai bisogni dei suoi dipendenti non solo migliora il morale e la produttività, ma costruisce anche un ambiente di lavoro basato sulla fiducia, sulla collaborazione e sull'innovazione.

Similmente, a livello individuale, riconoscere i propri bisogni insoddisfatti può offrire preziose intuizioni sulle direzioni da prendere nella vita, guidando scelte di carriera, relazioni e crescita personale.

L'importanza dei bisogni nella comunicazione non si limita alla sfera interpersonale. Nelle società moderne, i bisogni collettivi e sociali influenzano politiche, movimenti e tendenze culturali. Un popolo o una comunità che percepisce un bisogno insoddisfatto di giustizia, equità o rappresentanza può mobilitarsi per cercare cambiamenti significativi.

Tuttavia, la consapevolezza dei bisogni non è sempre innata. Richiede pratica, introspezione e, spesso, una volontà di affrontare vulnerabilità e insicurezze. Ma gli sforzi per coltivare questa consapevolezza sono ben riposti. Con una profonda comprensione dei bisogni, siamo meglio equipaggiati per navigare nella complessità delle interazioni umane, per costruire relazioni autentiche e per vivere vite ricche di significato, propósito e connessione. In conclusione, il riconoscimento dei bisogni non è solo una componente della comunicazione, ma un pilastro fondamentale dell'esperienza umana, un ponte verso una comprensione più profonda e un'interazione più autentica con il mondo che ci circonda.

6. Formulare Richieste Chiare: Offrire strumenti e consigli per formulare richieste in modo chiaro, diretto e positivo.

## 6. Formulare Richieste Chiare:

Nel contesto della Comunicazione Nonviolenta (NVC), formulare richieste chiare e precise è vitale per garantire che la comunicazione sia efficace e produttiva. Una richiesta ben formulata non solo comunica ciò che desideriamo, ma lo fa in un modo che rispetta sia il mittente che il destinatario del messaggio. Di seguito, esploriamo vari aspetti e tecniche per creare richieste chiare, dirette e positive.

**Richieste vs Esigenze**: Prima di tutto, è essenziale distinguere tra una "richiesta" e una "esigenza". Una richiesta implica una scelta e riconosce l'autonomia dell'altra persona, mentre un'esigenza suggerisce un'attesa o una pressione. La NVC enfatizza l'importanza di fare richieste autentiche e non mascherate da esigenze.

**Specificità**: Una richiesta chiara è spesso una richiesta specifica. Ad esempio, invece di dire "Vorrei che tu passassi più tempo con me", potresti dire "Potresti venire a fare una passeggiata con me domani pomeriggio?" La specificità aiuta ad eliminare ambiguità e offre

all'altra persona una comprensione chiara di ciò
che desideri.

**Formulazione Positiva**: Le richieste
dovrebbero essere formulate in termini positivi,
cioè ciò che si desidera, piuttosto che ciò che non
si desidera. Invece di "Non voglio che tu alzi la
voce", potresti dire "Mi piacerebbe se potessimo
parlare in un tono calmo".

**Evita la Linguistica Vaga**: Termini come
"spesso", "sempre", o "raramente" possono
essere vaghi e soggetti a interpretazioni. È più
efficace essere precisi nei dettagli o nell'ambito
temporale della tua richiesta.

**Esplicita i Sentimenti e i Bisogni**: Collegare
la tua richiesta ai tuoi sentimenti e bisogni può
renderla più comprensibile e empatica. Ad
esempio: "Mi sento ansioso quando la casa è
disordinata. Potresti aiutarmi a ripulire questo
weekend?".

**Sii Aperto alla Risposta**: Formulare una
richiesta chiara non garantisce che la risposta
sarà quella che speravi. Essere aperti alla
risposta, anche se non soddisfa immediatamente
la tua richiesta, è essenziale per una
comunicazione autentica e non violenta.

**Chiedere Feedback**: Se non sei sicuro di come
sia stata ricevuta la tua richiesta, chiedi feedback.
"Ho formulato la mia richiesta in modo chiaro?"
o "C'è qualcosa che vorresti che chiarissi?"

possono aiutare a garantire che sia tu che l'altra persona siate sulla stessa lunghezza d'onda.

**Usa "Io" Invece di "Tu"**: Iniziare le frasi con "Io" piuttosto che con "Tu" può ridurre la difensività e enfatizzare la tua esperienza personale. Ad esempio, "Mi sento trascurato quando non passiamo del tempo insieme" è spesso ricevuto meglio di "Tu non passi mai del tempo con me".

**Evita le Supposizioni**: Supporre può spesso portare a malintesi. Invece di supporre ciò che l'altra persona potrebbe pensare o sentire, concentrati su ciò che stai osservando, sentendo e necessitando.

**Pratica**: Come molte abilità, formulare richieste chiare migliora con la pratica. Prova a riflettere sulle tue interazioni quotidiane e su come potresti formulare richieste più chiare in diverse situazioni.

In conclusione, la capacità di formulare richieste chiare e dirette è una competenza fondamentale per chiunque desideri comunicare in modo efficace e costruttivo. Non solo aiuta a garantire che le tue esigenze vengano comprese e considerate, ma promuove anche un ambiente di rispetto, empatia e collaborazione.

**L'Arte della Richiesta**: Articolare richieste efficaci è in realtà un'arte sottile che trascende la semplice comunicazione verbale. Ogni richiesta porta con sé implicazioni emotive, psicologiche e relazionali che possono avere un impatto profondo sull'interazione.

**Il Tonio e la Non-Verbale**: La modalità in cui viene formulata una richiesta può influenzare significativamente come viene ricevuta. Il tono di voce, il linguaggio del corpo e il contatto visivo giocano un ruolo cruciale. Ad esempio, la stessa richiesta espressa con un tono calmo e aperto è probabilmente percepita in modo molto diverso se espressa con un tono esasperato o con aria sfuggente.

**Il Contesto della Richiesta**: Il momento e il luogo in cui si formula una richiesta possono avere un impatto significativo sulla sua ricezione. Chiedere a qualcuno di discutere di un argomento delicato in un luogo pubblico, ad esempio, potrebbe non essere altrettanto efficace come farlo in un ambiente privato e tranquillo. La sensibilità al contesto dimostra rispetto e considerazione per l'altra persona.

**Richieste vs Desideri**: Mentre una richiesta suggerisce qualcosa che vorremmo, è importante distinguere tra ciò che veramente desideriamo e ciò che effettivamente necessitiamo. A volte, ciò che viene formulato come una richiesta potrebbe essere meglio espresso come un desiderio o una preferenza.

**Reiterare e Confermare**: A volte, potrebbe essere utile ribadire una richiesta o chiedere all'altra persona di confermare ciò che ha sentito. Questo può aiutare a prevenire malintesi e assicurarsi che tutti siano sulla stessa pagina.

**Le Richieste e la Vulnerabilità**: Esprimere una richiesta può a volte esporre vulnerabilità. Riconoscere e onorare questa vulnerabilità può creare una connessione più profonda. Ad esempio, dire "Mi sento un po' a disagio nel chiedere questo, ma avrei bisogno del tuo aiuto..." può porsi come un preambolo autentico e sincero.

**L'Importanza del "Perché"**: Dietro ogni richiesta c'è una ragione, un "perché". Condividere questo "perché" può fornire un contesto prezioso e rendere la richiesta più comprensibile. Ad esempio, "Potresti spegnere la musica? Sto cercando di concentrarmi su un compito importante" fornisce una spiegazione che può rendere la richiesta più comprensibile.

**Rispetta il Diritto di Rifiuto**: Mentre formulare chiaramente una richiesta è importante, è altrettanto cruciale riconoscere e rispettare il diritto dell'altra persona di rifiutare o negoziare la richiesta. Questo riconoscimento promuove una comunicazione equilibrata e rispettosa.

**Auto-riflessione**: Prima di fare una richiesta, potrebbe essere utile riflettere su di essa. Chiediti: "È questa una richiesta autentica? Sono chiaro su ciò che voglio? Come reagirei se la risposta fosse no?" Questa auto-riflessione può aiutare a chiarire la richiesta nella tua mente prima di esprimerla ad altri.

Nell'insieme, mentre la formulazione di richieste chiare è essenziale, è altrettanto cruciale considerare tutti gli aspetti sottostanti di una richiesta - dalle emozioni ai contesti, dalle motivazioni alle possibili reazioni. Integrare questi elementi nella nostra comunicazione può portare a interazioni più autentiche, rispettose e produttive.

**Riflessioni sulla Natura Umana**: Le richieste, nella loro essenza, riflettono la nostra natura umana. Esprimono le nostre speranze, aspettative e desideri. Alla radice di ogni richiesta c'è un bisogno umano - per connessione, per sicurezza, per riconoscimento, per amore. Questa comprensione profonda della natura delle richieste può arricchire il nostro modo di comunicare e di relazionarci con gli altri.

**Richieste e Aspettative Culturali**: Le norme culturali possono influenzare profondamente il modo in cui le richieste vengono formulate e percepite. In alcune culture, ad esempio, potrebbe essere considerato sgarbato fare una richiesta diretta, mentre in altre, la franchezza potrebbe essere apprezzata. Avere consapevolezza delle sfumature culturali può aiutare a navigare nella comunicazione in contesti diversi e multiculturale.

**Il Tempo nella Formulazione delle Richieste**: Oltre al contesto fisico, anche il contesto temporale è cruciale. Il momento in cui si formula una richiesta può influire sulla sua ricezione. Ad esempio, fare una richiesta quando qualcuno è stressato o distratto potrebbe non essere il momento ideale. Riconoscere e rispettare il "timing" può migliorare notevolmente le probabilità che una richiesta venga accolta positivamente.

**La Formulazione delle Richieste in Età Diverse**: Le persone di diverse età potrebbero avere stili diversi nel fare e ricevere richieste. Ad esempio, un bambino potrebbe aver bisogno di richieste più semplici e dirette, mentre un adolescente potrebbe apprezzare una maggiore autonomia nella risposta a una richiesta. Adattare la comunicazione alle diverse fasi della vita può essere fondamentale per interazioni efficaci.

**Richieste in Relazioni Intime**: Nelle relazioni più intime, come quelle familiari o di coppia, la dinamica delle richieste può essere particolarmente complessa. Ciò che potrebbe essere implicitamente compreso in un contesto potrebbe richiedere una comunicazione esplicita in un altro. In queste relazioni, è particolarmente importante esercitare l'ascolto attivo, la pazienza e l'empatia nella formulazione e nella ricezione delle richieste.

**Il Peso Emotivo delle Richieste**: Alcune richieste possono portare con sé un notevole peso emotivo. Una richiesta che tocca temi sensibili o esperienze passate può evocare risposte emotive intense. Riconoscere e onorare questo peso emotivo, sia nella formulazione che nella ricezione della richiesta, è essenziale per una comunicazione autentica.

**Richieste e Autostima**: Il modo in cui formuliamo e rispondiamo alle richieste può anche riflettere la nostra autostima e il nostro senso di autoefficacia. Qualcuno con una bassa autostima potrebbe esitare a fare richieste o potrebbe farlo in modo apologetico, mentre qualcuno con una forte autoefficacia potrebbe sentirsi più a suo agio nell'esprimere chiaramente i suoi desideri e bisogni.

**Il Ruolo della Reciprocità**: La reciprocità è un principio fondamentale nelle interazioni umane. Quando facciamo una richiesta, può essere utile considerare come possiamo, a nostra volta, rispondere alle richieste degli altri. Questo spirito di dare e ricevere può creare un equilibrio nelle relazioni e promuovere un senso di equità e collaborazione.

In ogni richiesta, c'è un universo di complessità, influenzato da una miriade di fattori interni ed esterni. Essere consapevoli di queste sfaccettature e navigarle con intenzione, rispetto e comprensione può arricchire la nostra comunicazione e portare a interazioni più profonde e significative.

**Tecniche di Ascolto e Richieste**: L'efficacia di una richiesta non dipende solo da chi la fa, ma anche da come viene ricevuta. L'arte dell'ascolto attivo, dove si ascolta profondamente senza interrompere o giudicare, può influenzare profondamente come una richiesta viene percepita e compresa. Se una persona si sente ascoltata, è più probabile che risponda positivamente a una richiesta.

**Feedback e Chiarimenti**: Dopo aver formulato una richiesta, è essenziale essere aperti al feedback. Questo può includere domande di chiarimento o espressioni di preoccupazione da parte della persona a cui è stata fatta la richiesta. Accogliere questo feedback può portare a una maggiore comprensione e collaborazione tra le parti coinvolte.

**Riconoscere le Proprie Limitazioni**: È importante riconoscere che tutti hanno limiti su ciò che possono offrire o fare in risposta a una richiesta. Se ti rendi conto che stai chiedendo troppo o qualcosa al di fuori delle capacità di una persona, potrebbe essere utile riconsiderare o modificare la tua richiesta.

**Richieste in Contesti Digitali**: Nell'era della comunicazione digitale, le richieste spesso vengono fatte tramite e-mail, messaggistica istantanea o piattaforme di social media. In questi contesti, mancano molte delle sfumature non verbali della comunicazione faccia a faccia. Pertanto, è particolarmente importante essere chiari, diretti e cortesi quando si formulano richieste digitalmente.

**Le Richieste e la Negoziazione**: In molte situazioni, specialmente in contesti professionali o d'affari, la richiesta è solo l'inizio di una negoziazione. Essere preparati a negoziare e trovare un terreno comune può essere la chiave per raggiungere un risultato mutuamente soddisfacente.

**Richieste e Autoriflessione**: Ogni volta che formuliamo una richiesta, c'è un'opportunità per l'autoriflessione. Chiediti: "Perché sto facendo questa richiesta? Qual è il mio vero obiettivo? C'è un bisogno o un desiderio sottostante che sto cercando di soddisfare?"

**Il Linguaggio delle Richieste**: Il linguaggio utilizzato può avere un impatto profondo sulla percezione di una richiesta. Ad esempio, l'uso di parole o frasi assertive ("Voglio", "Mi piacerebbe") può essere percepito diversamente rispetto a parole o frasi più passive o tentennanti ("Forse potresti", "Se non ti dispiace").

**Rispetto e Empatia**: Al centro di ogni richiesta efficace ci dovrebbero essere il rispetto e l'empatia. Considerare come si potrebbe sentirsi l'altra persona e fare uno sforzo per comprendere il suo punto di vista può fare la differenza tra una richiesta che viene respinta e una che viene accolta con apertura.

**Richieste e Relazioni a Lungo Termine**: È importante considerare come le richieste possano influenzare le relazioni a lungo termine. Continuamente fare richieste senza dare in cambio o senza considerare le esigenze e i desideri dell'altra persona può logorare una relazione nel tempo.

**Considerazioni Finali sul Potere e sulle Dinamiche**: In qualsiasi interazione, è

essenziale riconoscere e riflettere sulle dinamiche
di potere in gioco. Chi fa la richiesta ha un certo
grado di potere, così come la persona a cui viene
fatta. Essere consapevoli di queste dinamiche e
agire con integrità e rispetto può contribuire a
garantire che le richieste siano giuste e
equilibrate.

In sintesi, le richieste sono un aspetto
fondamentale della comunicazione umana. Sia
che si tratti di piccoli favori quotidiani o di grandi
desideri espressi in momenti cruciali, il modo in
cui formuliamo e rispondiamo alle richieste può
avere un impatto profondo sulle nostre relazioni
e sul nostro benessere generale. Approcciare ogni
richiesta con intenzionalità, consape

Formulare richieste chiare è un intricato
intreccio di consapevolezza, empatia, linguaggio
e intenzione. È una competenza che va al di là
della semplice trasmissione di un desiderio o di
una necessità; rappresenta l'essenza della
comunicazione interpersonale, la capacità di
esprimere le proprie esigenze pur rispettando
l'autonomia e la dignità dell'altro.

Ogni richiesta, al suo nucleo, è un riflesso delle
nostre esigenze, desideri e valori. Come tale, il
modo in cui la esprimiamo porta con sé una
profonda responsabilità. Quando formuliamo
una richiesta, non stiamo solo comunicando una

preferenza o un desiderio; stiamo invitando un altro individuo a entrare in una relazione con noi, anche se temporaneamente, per soddisfare quel bisogno o desiderio.

L'importanza del contesto, sia esso culturale, temporale o relazionale, non può essere sottovalutata. Poiché viviamo in un mondo interconnesso e sempre più diversificato, la nostra capacità di adattare e modulare le nostre richieste in base alle circostanze diventa fondamentale. Eppure, al di là delle tattiche e delle strategie, al centro di ogni richiesta efficace c'è l'empatia: la capacità di mettersi nei panni dell'altro, di prevedere e comprendere le sue reazioni, e di formulare la richiesta in modo tale da onorare sia le nostre esigenze che le sue.

Inoltre, la reciprocità è fondamentale. Mentre ci aspettiamo che le nostre richieste siano rispettate e considerate, dobbiamo anche essere preparati a fare lo stesso per gli altri. Questo equilibrio reciproco non solo promuove relazioni sane, ma anche una comunicazione autentica e sincera.

Nel contesto della Comunicazione Nonviolenta, l'arte di fare richieste chiare è ancorata in un profondo rispetto per l'autonomia dell'individuo e un impegno per relazioni basate sulla comprensione e sulla collaborazione. Le richieste sono, in ultima analisi, un invito al dialogo, all'ascolto e alla connessione. Essere capaci di articolare le proprie esigenze e desideri in modo chiaro, rispettoso ed empatico non solo migliora la qualità delle nostre interazioni quotidiane, ma arricchisce anche la tessitura delle nostre relazioni e della nostra esperienza umana complessiva. Concludendo, mentre le competenze e le tecniche possono essere apprese e perfezionate, l'essenza della formulazione di richieste chiare risiede nel cuore della nostra capacità di connetterci, comprenderci e costruire ponti con gli altri.

7. L'Ascolto Empatico: Approfondire il ruolo dell'ascolto empatico nella NVC e fornire tecniche per sviluppare questa competenza.

L'ascolto empatico è un componente fondamentale della Comunicazione Nonviolenta (NVC) e rappresenta un elemento cruciale per stabilire e mantenere relazioni sane e costruttive. Esso va oltre il semplice "sentire" le parole dell'altro: richiede una presenza autentica, un'attenzione genuina, e una sincera curiosità verso l'esperienza dell'altra persona.

**Ruolo dell'Ascolto Empatico nella NVC**

Nella NVC, l'ascolto empatico serve come ponte tra gli individui, facilitando una connessione più profonda e promuovendo la comprensione reciproca. La qualità dell'ascolto empatico non è misurata solo dalla propria capacità di ricevere informazioni, ma anche dalla capacità di immergersi nell'esperienza emotiva dell'altra persona, offrendo un rifugio sicuro in cui esprimersi liberamente e completamente. L'ascolto empatico favorisce:

- La validazione: far sentire l'altra persona vista e apprezzata nella sua unicità e nelle sue emozioni.
- La creazione di un ambiente sicuro: in cui l'altro si sente libero di esprimere se stesso senza paura di giudizio o ritorsione.
- La connessione: instaurare un legame autentico con l'altra persona.
- La risoluzione dei conflitti: contribuire a creare una base comune su cui costruire soluzioni collaborative.

**Tecniche per Sviluppare l'Ascolto Empatico**

1. **Presenza Attenta:** Essere completamente presenti durante la conversazione, evitando distrazioni e focalizzando tutta l'attenzione sull'altro.
2. **Riflessione Attiva:** Rispecchiare ciò che l'altra persona sta esprimendo, sia a livello di contenuto che di emozione, senza inserire interpretazioni personali.
3. **Sospensione del Giudizio:** Mettere in pausa i propri giudizi, analisi o soluzioni e accogliere

l'esperienza dell'altro senza cercare di cambiarla o modificarla.

4. **Esplorazione Curiosa:** Porre domande aperte che incoraggiano l'altra persona a condividere più profondamente la propria esperienza.

5. **Accettazione Incondizionata:** Accettare le emozioni e le esperienze dell'altro senza resistenza, anche se possono essere scomode o difficili da accogliere.

6. **Silenzio Rispettoso:** Riconoscere il potere del silenzio come spazio in cui l'altro può riflettere e esplorare i propri pensieri ed emozioni più profondi.

7. **Riconoscimento dell'Universalità:** Riconoscere che, nonostante le differenze, tutti condividiamo bisogni umani fondamentali e desideriamo essere compresi e accettati.

L'ascolto empatico è tanto una pratica interiore quanto una competenza interpersonale. Coinvolge il cuore e la mente, richiedendo sia l'abilità di regolare le proprie emozioni sia la capacità di mantenere un'apertura e una curiosità costante verso l'esperienza altrui. Praticando l'ascolto empatico, si costruisce un ponte verso l'altro, permettendo che la vulnerabilità e l'autenticità siano condivise in uno spazio sicuro e accogliente, creando così il terreno fertile per relazioni sane, supporto reciproco e crescita congiunta.

L'ascolto empatico non si limita a una semplice tecnica comunicativa: è un atteggiamento, un modo di porsi nei confronti dell'altro che è radicato in un profondo rispetto e accettazione dell'altro nella sua totalità. Esso ci permette di superare barriere e pregiudizi, avvicinando le persone e permettendo una condivisione sincera e profonda.

## L'importanza delle Differenze Individuali nell'Ascolto Empatico

Ogni individuo, nella sua unicicità, porta con sé un mosaico di esperienze, emozioni, e prospettive che influenzano il modo in cui percepisce e interagisce col mondo. L'ascolto empatico, quindi, deve anche tenere conto di queste differenze individuali, evitando di proiettare le proprie aspettative e visioni sull'altro. Riconoscere e onorare queste differenze è fondamentale per creare una comunicazione che sia veramente inclusiva e accogliente.

## Il Ruolo del Corpo nell'Ascolto Empatico

Il corpo gioca un ruolo cruciale nel processo dell'ascolto empatico. La nostra postura, il contatto visivo, e la nostra espressione facciale sono tutti elementi che comunicano l'accoglienza e la disponibilità a essere presenti con l'altro. Mantenere una postura aperta, stabilire un contatto visivo amichevole, e offrire espressioni facciali che riflettano comprensione e accoglienza possono intensificare il livello di connessione e apertura nell'interazione.

Inoltre, il nostro corpo ci può aiutare a rimanere ancorati durante l'ascolto, specialmente quando si navigano emozioni o temi difficili. Tecniche come la consapevolezza del respiro, il riconoscimento delle proprie sensazioni corporee, e il mantenimento di un contatto con il proprio spazio interno possono essere strumenti preziosi per rimanere presenti e centrati durante l'ascolto.

**L'Ascolto Empatico in Diverse Culture**

L'ascolto empatico deve anche essere adattato e modellato rispettando le varie culture e contesti. Differenti culture possono avere modi diversi di esprimere emozioni, bisogni, e richieste, e ciò che è considerato un ascolto attento e rispettoso in una cultura potrebbe non esserlo in un'altra. Per esempio, nelle alcune culture mantenere un contatto visivo prolungato potrebbe essere visto come un segno di attenzione e sincerità, mentre in altre può essere percepito come invadente o inappropriato.

Pertanto, è essenziale avere una comprensione delle norme culturali e essere pronti ad adattare le proprie modalità di ascolto per incontrare l'altro nel modo più rispettoso e accogliente possibile.

## Ascolto Empatico e Tecnologia

Nel contesto moderno, l'ascolto empatico si estende anche alle nostre interazioni digitali. In un'era in cui la comunicazione virtuale è sempre più predominante, mantenere una qualità di ascolto empatico attraverso gli schermi diventa cruciale. Ciò potrebbe significare prestare particolare attenzione al tono dei messaggi scritti, essere presenti e attenti durante le videochiamate, e assicurarsi di creare spazi virtuali che siano accoglienti e sicuri.

In sintesi, l'ascolto empatico nella Comunicazione Nonviolenta è una pratica olistica e in continua evoluzione, richiedendo una consapevolezza e una cura costante nei confronti delle proprie e delle altrui necessità, esperienze e contesti culturali. La sua applicazione pratica va ben oltre la conversazione: è uno stile di vita, un impegno verso un modo di relazionarsi che sostiene e celebra l'umanità condivisa, nella sua mirabile diversità.

## Empatia e Vulnerabilità

L'empatia è anche profondamente connessa con la vulnerabilità. Offrire un ascolto empatico a qualcuno significa spesso accogliere le sue emozioni e le sue esperienze più vulnerabili. Richiede un'apertura da parte dell'ascoltatore a essere toccato, mosso e influenzato da ciò che l'altro sta condividendo. La capacità di stare con la propria vulnerabilità e quella dell'altro senza giudizio o ritiro crea uno spazio sicuro in cui le persone possono esplorare e condividere liberamente i loro mondi interni.

**L'Impatto del Trauma sull'Ascolto Empatico**

È anche cruciale considerare il ruolo del trauma quando si parla di ascolto empatico. Sia l'ascoltatore che la persona che parla possono avere storie di trauma che influenzano il modo in cui percepiscono e interagiscono durante la comunicazione. Il trauma può manifestarsi come una difficoltà nell'ascoltare pienamente o nel rimanere presenti quando certi argomenti o emozioni emergono. Da un lato, l'ascoltatore può necessitare di pratiche di regolamentazione emotiva per gestire le intense emozioni che potrebbero emergere mentre si offre spazio ad un altro. Dall'altro lato, l'ascolto empatico deve essere offerto con un'acutezza e una sensibilità particolari, affinché la comunicazione non diventi inavvertitamente riattivante o stressante per la persona che parla.

**Ascolto Empatico come Pratica Spirituale**

Per molte persone, l'ascolto empatico può anche essere visto come una pratica spirituale o un percorso per connettersi più profondamente con gli altri e con la vita stessa. Questo può significare vedere l'altro come un essere intrinsecamente degno e prezioso, e cercare di onorare quella preziosità attraverso l'atto dell'ascolto. Inoltre, può anche significare riconoscere e celebrare la sacralità dell'atto comunicativo stesso, riconoscendo che nel momento dell'ascolto, due anime stanno danzando in uno scambio reciproco e sacro.

**La Nonviolenza dell'Ascolto Empatico**

L'ascolto empatico è anche un'azione profondamente nonviolenta. Offre un'alternativa al conflitto e alla lotta, creando spazi di accoglienza e di comprensione reciproca. È un modo per dire "ti vedo, ti onoro, e riconosco la tua umanità" senza parole. Attraverso l'ascolto, si riconosce che ogni persona ha una validità, una storia e una prospettiva che meritano di essere comprese e onorate.

**L'Ascolto Empatico nella Pratica Professionale**

In un contesto professionale, l'ascolto empatico diventa un ingrediente fondamentale per creare ambienti di lavoro sani e collaborativi. Capire i bisogni, le preoccupazioni e le aspirazioni dei colleghi o dei dipendenti porta ad un'atmosfera di rispetto e comprensione reciproca. Inoltre, quando i team sentono che sono ascoltati e compresi, sono più propensi a contribuire con il proprio potenziale creativo, a sentirsi impegnati e ad identificarsi con la missione dell'organizzazione.

L'ascolto empatico, quindi, non è semplicemente un set di abilità, ma un'arte e una filosofia che permea ogni aspetto dell'essere e del relazionarsi. Che si manifesti nelle relazioni personali, nella pratica professionale, o come un percorso spirituale, l'ascolto empatico offre un invito a sperimentare il mondo da una posizione di curiosità, accettazione e amore. E, mentre si naviga nell'arte dell'ascolto, si scopre che l'empatia non è solo uno strumento di connessione con gli altri, ma anche un ponte verso una più profonda comprensione e accettazione di sé stessi.

La profondità dell'ascolto empatico trascende la mera attività di ascoltare le parole dell'altro. Si tratta di un'immersione totale nell'esperienza dell'altro, che richiede sintonizzazione, presenza autentica e una genuina curiosità per i paesaggi interni dell'altro. L'atto di ascolto si tramuta così in una pratica saggia e amorosa, dove il cuore si espande per accogliere l'esperienza dell'altro senza giudizio, offrendo uno spazio sicuro in cui l'altro possa esplorare e condividere liberamente il proprio mondo interno.

Concludendo, l'ascolto empatico nella Comunicazione Nonviolenta (NVC) non è unicamente una tecnica o uno strumento, ma piuttosto una manifestazione dell'umano in tutta la sua profondità e complessità. È un prisma attraverso il quale le realtà emozionali, psicologiche e spirituali dell'essere umano vengono riconosciute, onorate e accolte. L'ascolto empatico ci invita ad unirsi in un viaggio comune di scoperta, esplorazione e, in ultima analisi, di condivisione umana, dove il dolore e la gioia, la paura e la sicurezza, la tristezza e la felicità si intrecciano in una danza armoniosa di connessione umana.

In ambito pratico e teorico, l'ascolto empatico fa evolvere la comunicazione da uno scambio funzionale ad una connessione autentica, arricchendo le relazioni e creando ponti attraverso i divari dell'incomprensione e del conflitto. E in queste connessioni, scopriamo non solo gli altri ma anche noi stessi, i nostri pregiudizi, le nostre speranze, e forse più importante, la nostra comune umanità.

Quando implementato con consapevolezza e intenzionalità, l'ascolto empatico diventa un vaso comunicante in cui le esperienze e i mondi di entrambi gli interlocutori vengono riconosciuti e validati. Rappresenta una pratica di amore incondizionato e accettazione, un dono tanto

potente quanto delicato, che ha il potere non solo
di guarire le ferite dell'anima, ma anche di
tessere un tessuto connettivo che unisce le
persone oltre le differenze apparenti.

In uno scenario più ampio e globale, se
abbracciato e praticato su larga scala, l'ascolto
empatico ha il potenziale di superare le divisioni
e di creare comunità resilienti e compassionevoli,
dove la diversità è celebrata e la dignità umana è
elevata. A un livello profondo, esplorare e
abbracciare l'arte e la pratica dell'ascolto
empatico potrebbe non solo trasformare le
relazioni interpersonali ma anche influenzare la
costruzione di una società più giusta, empatica e
inclusiva.

Alla luce di ciò, il settimo capitolo del libro si
propone non solo come un esame teorico o una
guida pratica all'ascolto empatico, ma come un
invito ad una pratica di vita, attraverso cui
possiamo riscoprire il significato dell'essere
veramente umani insieme, in un mondo che più
che mai necessita di connessione, comprensione
e amore autentico. E con ciò, si lascia il lettore
con una domanda tanto semplice quanto
profonda: come può l'ascolto empatico
illuminare il tuo percorso e arricchire le tue
relazioni, creando spazi di genuina connessione,
comprensione e guarigione?

8. Autocompatimento: Esplorare il concetto di autocompatimento e come può essere integrato nella pratica della NVC.

L'autocompatimento rappresenta un tassello fondamentale all'interno della pratica della Comunicazione Nonviolenta (NVC). Questa componente non si limita alla pura e semplice autocomprensione, ma s'immerge più profondamente nel concetto di autostima e amore per sé. Esso si configura come un autentico nutrimento interiore, una pratica che richiede di volgere verso di sé la stessa quantità di compassione e comprensione che si è disposti ad offrire ad altri. L'autocompatimento non è autoriferimento egoistico o autocommiserazione, ma piuttosto un'attenta e amorevole presenza verso se stessi, specialmente nei momenti di conflitto, fallimento o difficoltà.
Intraprendere un viaggio attraverso il concetto di autocompatimento all'interno della NVC significa esplorare come le pratiche di consapevolezza di sé, accettazione e amorevole gentilezza possano non solo arricchire la propria vita interiore, ma anche come queste si riflettano e si manifestino nelle interazioni con gli altri. Emerge quindi la riflessione su come la relazione che abbiamo con noi stessi sia un terreno fertile che nutre tutte le altre relazioni nel nostro spazio vitale.

Qui, l'autocompatimento diventa un modo per creare una base di supporto da cui poter offrire autenticamente compassione, comprensione e sostegno agli altri, senza rischiare il burnout emotivo o la stanchezza compassionevole. È, di fatto, una pratica sostenibile di amore e cura che diventa una sorgente inesauribile, poiché è alimentata dalla consapevolezza e accettazione delle proprie necessità, limiti e potenzialità.
È pertanto cruciale esplorare, all'interno del contesto della NVC, come l'autocompatimento possa essere integrato e coltivato. La relazione con se stessi, con le proprie emozioni, bisogni, desideri e valori, è il fulcro da cui si irradia la capacità di entrare in relazione autentica e compassionevole con gli altri. Praticare l'autocompatimento significa anche imparare a navigare attraverso le acque talvolta burrascose delle emozioni e dei bisogni non soddisfatti, senza perdersi, ma anzi ritrovandosi con maggiore chiarezza e profondità.
Il dialogo interiore compassionevole, il riconoscimento delle proprie vulnerabilità e l'accettazione dei propri limiti e errori diventano pratiche vitali che non solo arricchiscono il senso di sé e la stabilità emotiva, ma che permettono anche di incontrare l'altro da un luogo di genuinità e apertura.

In questa sezione del libro, attraverso esempi, esercizi pratici e riflessioni profonde, viene esplorato come l'autocompatimento non sia un lusso o un optional, ma una necessità vitale e una componente irrinunciabile di una pratica autentica e sostenibile della Comunicazione Nonviolenta. Si offriranno percorsi attraverso cui i lettori possono sperimentare, esplorare e integrare prassi di autocompatimento nelle loro vite e nelle loro comunicazioni, creando un loop virtuoso in cui la cura di sé e la cura dell'altro diventano specchio l'una dell'altra, in un continuo gioco di riflessi e risonanze.

Nel contesto dell'autocompatimento nella Comunicazione Nonviolenta (NVC), è rilevante comprendere che questo non rappresenta solo un'abilità intra-personale, ma si estende anche alle dinamiche inter-personali. Quando impariamo a coltivare un atteggiamento di accettazione, cura e comprensione verso noi stessi, creiamo un terreno favorevole per applicare queste stesse qualità nelle nostre interazioni con gli altri. La comprensione e la pratica dell'autocompatimento richiedono una delicata consapevolezza che può essere approfondita attraverso esplorazioni di vari aspetti del sé e attraverso il percorso verso l'accettazione di tali aspetti.

Uno sguardo più profondo sull'autocompatimento nell'ambito della NVC può portare anche a esplorare il proprio dialogo interiore. Questo rappresenta il modo in cui ci parliamo, ci giudichiamo, ci sosteniamo (o ci critichiamo) nei momenti di sfida o di disagio. Questo dialogo interiore è spesso influenzato da pattern e credenze radicate, alcune delle quali possono provenire da esperienze passate, educazione e cultura. Approfondire la consapevolezza di questi pattern interni, e imparare a rivolgerli in maniera costruttiva e compatiente, è fondamentale per nutrire un'autentica pratica di autocompatimento.

Un altro aspetto cruciale dell'autocompatimento è la sua interazione con l'autostima e il valore personale. Spesso, la critica interiore e il giudizio possono erodere il senso di valore e l'autostima. Pertanto, esercitare l'autocompatimento implica anche coltivare una relazione con se stessi che sostenga e nutra il proprio senso di valore e dignità intrinseca. Implica riconoscere il proprio valore al di fuori di fattori esterni, successi o fallimenti, e vedere se stessi con occhi benevolenti, specialmente quando si commettono errori o si fronteggiano difficoltà.

Inoltre, nel contesto della NVC, l'autocompatimento è intrinsecamente legato alla capacità di prendere decisioni e scegliere azioni che siano allineate con i propri bisogni e valori. Ciò richiede un ascolto profondo e un'autentica onorazione dei propri bisogni, cosa che a sua volta richiede una robusta pratica di autocompatimento. Si entra quindi in un circolo virtuoso in cui l'autocompatimento sostiene l'ascolto dei bisogni e viceversa.

La pratica dell'autocompatimento nel contesto della NVC può anche portare a riflettere su tematiche come il perdono di sé. Come possiamo perdonarci quando riconosciamo che le nostre parole o azioni sono state disallineate dai nostri valori e bisogni? Come possiamo muoverci attraverso il dolore e il rimpianto mantenendo una connessione amorevole e compatiente con noi stessi?

In questa esplorazione, emergono spunti per esplorare più a fondo il legame tra autocompatimento e resilienza emotiva, tra la capacità di mantenere un cuore aperto e ricettivo anche quando si naviga attraverso acque emotive difficili. L'autocompatimento diventa un'ancora che permette di rimanere centrati e presenti, anche nei momenti di tempesta interna, consentendo una navigazione consapevole attraverso le sfide emotive.

In conclusione, esplorare l'autocompatimento nella pratica della NVC significa imbarcarsi in un viaggio profondo e trasformativo, un viaggio che

non solo arricchisce la propria vita interiore, ma
che si irradia all'esterno, influenzando
positivamente ogni interazione e relazione.

L'autocompatimento nella NVC si entrelacia
anche strettamente con la connessione e la
comunicazione interpersonale, aprendo varie
prospettive ed aree di approfondimento.
Una di queste prospettive è la correlazione tra
autocompatimento e vulnerabilità. Esprimere
autenticamente i propri sentimenti e bisogni,
specialmente in contesti interpersonali, può
evocare sentimenti di vulnerabilità. La capacità
di stare con tale vulnerabilità, senza cadere nella
difensività o nell'auto-critica, è sostanziata
dall'autocompatimento. Comprendere come il
proprio senso di vulnerabilità si manifesta, e
accogliere quei sentimenti senza giudizio,
consente non solo un maggiore accesso alla
propria esperienza interna, ma facilita anche
l'espressione autentica in comunicazione con gli
altri.
Un ulteriore punto di focalizzazione potrebbe
essere l'equilibrio tra autocompatimento e
responsabilità. A volte, la pratica
dell'autocompatimento può essere fraintesa come
un evitare la responsabilità delle proprie azioni.
Tuttavia, nella NVC, l'autocompatimento è inteso
come un accompagnamento a, e non una

negazione di, la responsabilità. Essere in grado di guardare con occhi chiari e compassionevoli alle proprie azioni, e al contempo riconoscere e prendersi la responsabilità delle eventuali conseguenze non volute, rappresenta una pratica avanzata di autocompatimento.

L'autocompatimento ci permette di apprendere dai nostri errori con un atteggiamento di curiosità e crescita, piuttosto che di autocritica o vergogna.

Inoltre, la pratica dell'autocompatimento nella NVC ci invita a esplorare il delicato equilibrio tra prendersi cura di sé e attenzione agli altri. Fino a che punto la nostra pratica di autocompatimento ci sostiene nell'essere presenti per gli altri in modo autentico, rispetto a quando potrebbe trasformarsi in un ritiro o in una forma di auto-protezione? Come possiamo mantenere un cuore aperto verso noi stessi e verso gli altri, anche quando ci troviamo di fronte a dinamiche relazionali sfidanti?

Questa esplorazione può guidarci anche verso una riflessione sul confine tra autocompatimento e egoismo. Qual è il punto di equilibrio tra ascoltare i propri bisogni con gentilezza e rimanere aperti e disponibili alle esigenze e ai bisogni degli altri? La NVC, con la sua enfasi sulla considerazione dei bisogni di tutti, offre una prospettiva unica su come l'autocompatimento possa convivere armoniosamente con la compassione e la considerazione per gli altri. Inoltrandosi più a fondo nella pratica dell'autocompatimento, potremmo anche esplorare il concetto di "sollievo" e "riparazione" interna. Quando ci accorgiamo di aver agito in modi che sono disallineati con i nostri valori e bisogni, come possiamo usare l'autocompatimento per facilitare un percorso interiore di riparazione e riconciliazione? Come possiamo accogliere e onorare il dolore che potrebbe emergere, e al tempo stesso mantenere uno spazio per il comprendere, per il riflettere, e per il costruire ponti verso nuove possibilità e nuovi modi di essere con noi stessi e con gli altri? Il tessuto dell'autocompatimento si intreccia attraverso ogni aspetto della pratica della NVC, e l'esplorazione di questo concetto potrebbe spaziare attraverso molteplici dimensioni e profondità, offrendo spunti per un percorso ricco e multifacettato all'interno della propria esperienza interna e delle proprie relazioni. Certamente. All'interno del contesto della Nonviolent Communication (NVC) e dell'autocompatimento, emerge l'importanza dell'autoguarigione come elemento chiave. L'autocompatimento non si limita a come ci rapportiamo a noi stessi nei momenti di dolore o di fallimento, ma abbraccia anche il nostro viaggio verso la comprensione e la cura del nostro mondo interiore.

Una delle sfumature dell'autocompatimento riguarda il modo in cui ci relazioniamo con le nostre storie personali e con i nostri vissuti emotivi. Molte persone portano con sé ferite emotive che possono essere attivate in vari contesti comunicativi o relazionali. L'autocompatimento ci invita a riconoscere e ad accogliere queste ferite con un atteggiamento di gentilezza e comprensione. In questo senso, diventa essenziale esplorare il nostro passato emotivo e psicologico, permettendo un processo di guarigione e di accettazione che possa sostenerci nel presente.

La relazione tra autocompatimento e autenticità è un altro elemento meritevole di approfondimento. Essere autentici – ossia, esprimere i propri sentimenti e bisogni apertamente e onestamente – è un elemento centrale della NVC. Tuttavia, la nostra capacità di essere autentici è spesso ostacolata dalle nostre paure di rifiuto, di non essere all'altezza, o di non essere amati per ciò che siamo veramente. Qui, l'autocompatimento entra in gioco come uno strumento che ci permette di accogliere e sostenere queste paure, aprendoci alla possibilità di essere autentici nonostante il rischio emotivo che ciò comporta.

Inoltre, un aspetto cruciale dell'autocompatimento in NVC concerne la gestione del conflitto interiore. A volte, i diversi bisogni e desideri che risiedono in noi possono essere in conflitto gli uni con gli altri, creando tensione e disagio interiore. L'autocompatimento ci offre la possibilità di osservare queste dinamiche interne senza giudizio, permettendoci di esplorare e accogliere tutte le parti di noi stessi, anche quelle che possono sembrarci contraddittorie o problematiche. A tal proposito, la capacità di sostenere un dialogo interiore compassionevole tra le diverse parti di noi diventa un passo cruciale nel facilitare una maggiore integrazione e coerenza interiore. Un'ulteriore dimensione da esplorare potrebbe essere la connessione tra autocompatimento e resilienza emotiva. La resilienza non implica semplicemente la capacità di "resistere" o di "recuperare" dalle sfide e dalle avversità, ma piuttosto la capacità di navigare attraverso di esse con un senso di equilibrio e integrità. Qui, l'autocompatimento si manifesta come un ancoraggio, una base da cui possiamo incontrare le sfide della vita con un atteggiamento di apertura e curiosità, invece che di paura o resistenza. Attraverso la pratica dell'autocompatimento, possiamo sviluppare una maggiore capacità di stare con il disagio, il dolore o la sofferenza, in un modo che non solo sostiene la nostra benessere psicologico, ma che ci permette anche di crescere e di evolvere attraverso le nostre esperienze.

La pratica dell'autocompatimento in NVC potrebbe anche essere esplorata attraverso una lente spirituale o esistenziale, esaminando come il percorso verso l'accettazione e la compassione per sé stessi possa alimentare una più profonda connessione con gli altri, con il mondo e, in ultima analisi, con il mistero dell'esistenza. Ogni singola sfumatura dell'autocompatimento apre una porta verso nuove scoperte e approfondimenti, e la ricchezza di questo campo di esplorazione offre infinite possibilità di crescita e di apprendimento all'interno della pratica della NVC.

Nella conclusione di questo punto, il concetto di autocompatimento all'interno della Nonviolent Communication (NVC) viene a maturare come un elemento sia rivelatore che catalizzatore, enfatizzando come il viaggio verso una comunicazione più empatica e costruttiva sia indissolubilmente legato all'explorazione e all'accettazione del nostro mondo interiore. L'autocompatimento non solo attiva una qualità di cura e sostegno per noi stessi, ma anche facilita un modo di interagire con gli altri che è genuino, compassionevole e costruttivo. Per incorporare appieno l'autocompatimento nella pratica della NVC, si sottolinea l'importanza di sviluppare una consapevolezza continua e di praticare attivamente la gentilezza nei confronti delle proprie esperienze interne, che si manifestino come sentimenti, bisogni, o desideri. Coltivare l'autocompatimento significa riconoscere la nostra umanità comune, ossia comprendere che esperienze di sofferenza, fallimento, e imperfezione sono parte integrante della condizione umana. Questa realizzazione, che ci connette a un piano di esperienza collettiva e condivisa, diventa un portale attraverso cui la pratica della NVC può estendersi oltre il personale e toccare il transpersonale, trasformando la nostra comunicazione e relazione non solo con gli altri, ma anche con la vita stessa.

L'investigazione dettagliata dell'autocompatimento ci può portare a interrogarci su come le nostre relazioni e le nostre comunità potrebbero trasformarsi se ognuno di noi avesse la capacità di portare un'attenzione amorevole e accogliente verso le proprie vulnerabilità, paure, e desideri. Allo stesso modo, come potrebbero evolvere i dialoghi e i conflitti se fossero imbevuti di un senso profondo di autocompatimento condiviso?

Per quanto la teoria e la discussione siano strumenti essenziali per esplorare e comprendere l'autocompatimento, è nella pratica quotidiana che questo principio prende vita e forma. Attraverso l'esplorazione consapevole delle proprie esperienze e la pratica continua di portare un atteggiamento di apertura, curiosità, e accettazione verso noi stessi, possiamo davvero integrare l'autocompatimento all'interno della cornice della NVC. Questa, a sua volta, può arricchire e profondizzare la nostra pratica, permettendoci di comunicare e relazionarci con gli altri – e con noi stessi – in modi che sono veramente nutritivi, sostenibili, e trasformativi. In questa luce, l'autocompatimento diventa non solo un componente chiave della NVC, ma un fondamento essenziale per costruire un mondo in cui le relazioni umane sono caratterizzate da connessione autentica, rispetto reciproco, e comprensione empatica. Infine, sottolineando che l'autocompatimento non è solo una pratica individuale ma anche collettiva, il suo insegnamento e la sua applicazione diventano strumenti vitali per costruire comunità e società che sostengono il benessere, la crescita e la connessione di tutti i suoi membri.

9. Uso della NVC in Conflitto: Illustrare come la NVC possa essere utilizzata per risolvere i conflitti e migliorare la qualità delle relazioni.

La Nonviolent Communication (NVC) si è dimostrata un utensile cruciale nella gestione e risoluzione dei conflitti, fungendo da ponte comunicativo che collega le persone attraverso l'empatia e la comprensione reciproca. Quando ci troviamo immersi in una situazione di conflitto, la NVC può operare come un faro che guida verso acque più calme e sicure, facilitando la navigazione attraverso onde emotive turbolente e direzionando le parti coinvolte verso una risoluzione che celebri i bisogni di tutti.

La NVC nel conflitto è impiegata come una metodologia per staccarsi dai tradizionali modelli di comunicazione "attacco-difesa" che spesso alimentano la discordia e creare invece uno spazio dove la vulnerabilità, l'onestà e la curiosità siano le protagoniste.

Quando la NVC è applicata in contesti di conflitto, alcune strategie e approcci possono essere particolarmente utili:

## 1. Staccarsi dai Giudizi:

- Riconoscere e sospendere temporaneamente i giudizi e le etichette assegnate all'altra parte.
- Vedere oltre le azioni e le parole per esplorare i bisogni e i sentimenti sottostanti.

## 2. Ascolto Empatico:

- Impegnarsi in un ascolto attivo ed empatico, cercando di comprendere profondamente l'esperienza e i bisogni dell'altra parte senza interruzione o consiglio non richiesto.
- Riflettere ciò che si sente senza distorsioni, aggiunte o sottrazioni per garantire una comprensione autentica.

## 3. Espressione Onesta:

- Comunicare i propri sentimenti e bisogni con chiarezza e senza blame, focalizzandosi sull'espressione autentica e non su richieste o aspettative riguardo all'altra parte.
- Utilizzare un linguaggio che sia libero da giudizi, colpevolizzazioni e generalizzazioni.

## 4. Rispettare i Bisogni di Tutti:

- Riconoscere che ogni persona nel conflitto ha bisogni legittimi e validi.
- Esplorare soluzioni che considerino e onorino i bisogni di tutte le parti coinvolte, invece di cercare un compromesso che potrebbe lasciare tutti insoddisfatti.

## 5. Focalizzarsi sul Presente e sul Futuro:

- Anche se può essere utile esplorare esperienze passate per una comprensione più profonda, mantenere l'attenzione su come risolvere il conflitto e soddisfare i bisogni ora e in avanti.

## 6. Presenza e Autenticità:

- Restare presenti con la propria esperienza e essere autentici nella comunicazione.
- Notare e onorare i propri limiti e bisogni all'interno del processo di risoluzione del conflitto.

Attraverso questi approcci, la NVC incoraggia un dialogo che non è solo concentrato su chi ha ragione o torto, ma piuttosto su come co-creare soluzioni e percorsi che rispettino e celebrino l'umanità di tutti i partecipanti. Per fare ciò, la pratica continua e l'approfondimento delle competenze della NVC sono essenziali, permettendo a individui e comunità di utilizzare questi strumenti anche nei momenti di maggiore sfida e tensione.

La Nonviolent Communication (NVC) si arricchisce di ulteriori sfaccettature quando consideriamo l'ampio raggio di applicazioni nel campo dei conflitti e delle relazioni interpersonali. La sua efficacia non risiede solo nel riconoscimento e nell'espressione autentica dei bisogni, ma anche nella sua capacità di trasformare le situazioni di tensione in opportunità per l'apprendimento e la crescita condivisa.

**Ampliamento della Prospettiva:**
Nel contesto dei conflitti, la NVC può funzionare come un mezzo per ampliare la prospettiva delle parti coinvolte. Spesso, durante una disputa, gli individui possono diventare miopi, focalizzandosi strettamente sui propri punti di vista e bisogni. La NVC offre un approccio che allarga questo campo visivo, incoraggiando una considerazione più olistica dei bisogni di tutti. Questo è ottenuto non solo attraverso la mera comprensione, ma anche attraverso un'immersione empatica nell'esperienza altrui.

**Esplorare Sotto la Superficie:**
Gli scontri e i disaccordi sono frequentemente sintomatici di questioni più profonde e complesse. Utilizzare la NVC come strumento per sondare sotto la superficie delle apparenti dispute può portare a scoperte illuminanti riguardo alle dinamiche relazionali, ai bisogni insoddisfatti e ai modelli comportamentali che potrebbero aver alimentato il conflitto. Questa profondità di indagine non mira solo a risolvere la disputa in atto, ma anche a costruire una base per la prevenzione di futuri conflitti attraverso la co-creazione di strategie e soluzioni a lungo termine.

**La Spirale Positiva:**
Una delle bellezze della NVC risiede nella sua capacità di catalizzare quello che potremmo chiamare una "spirale positiva" nelle relazioni e nelle dinamiche del conflitto. A differenza dei modelli comunicativi che perpetuano cicli di reattività e resistenza, l'adozione di principi NVC può iniziare a disinnescare queste dinamiche, creando invece un vortice di rispetto, comprensione e connessione. Man mano che le parti coinvolte sperimentano ascolto e considerazione, sono spesso più motivate a offrire lo stesso in cambio, creando un ciclo di reciproca benevolenza e collaborazione.

**Rispettare la Diversità dei Bisogni:**
Nel tessuto dei conflitti, è fondamentale onorare la diversità e l'unicità dei bisogni coinvolti. Mentre alcune strategie potrebbero funzionare in un certo contesto, la NVC ci ricorda che ogni situazione, ogni individuo e ogni bisogno portano con sé una ricchezza di specificità e differenze. Essere in grado di navigare e onorare questa diversità non solo contribuisce a soluzioni più ricche e adeguate, ma anche al riconoscimento e alla celebrazione dell'unicità individuale e collettiva.

**Una Via Verso la Guarigione:**
In fin dei conti, la NVC non fornisce solo un percorso verso la risoluzione dei conflitti, ma anche verso la guarigione. I conflitti, specialmente quelli prolungati o intensi, possono lasciare cicatrici emotive e psicologiche. Attraverso il suo focus sull'empatia, la connessione e l'autenticità, la NVC offre una via non solo per navigare attraverso le acque tormentate del disaccordo, ma anche per avviare il processo di guarigione e riconciliazione. L'implementazione efficace della NVC nei conflitti, quindi, si arricchisce di sfumature e profondità che vanno oltre la mera tecnicità, emergendo come una pratica che è tanto relazionale e umana quanto strutturata e intenzionale. La sua bellezza risiede nella sua capacità di unire queste due dimensioni, creando uno spazio dove l'umanità condivisa è tanto celebrata quanto le soluzioni concrete e pratiche.

**Creare un Ponte tra le Parti:**
Nella risoluzione dei conflitti attraverso la NVC, il riconoscimento del bisogno umano comune di essere ascoltato, visto e apprezzato svolge un ruolo cruciale. Agire come un ponte tra le parti in conflitto può spesso richiedere una profonda consapevolezza e autenticità. Serve un impegno a mantenere l'equilibrio tra l'essere veramente

presenti con la propria esperienza e il mantenere un sufficiente distacco che permetta di rimanere empaticamente connessi con gli altri, anche quando le acque diventano turbolente.

**Il Potere del Silenzio:**
La NVC riconosce e valorizza il potere del silenzio nell'arte dell'ascolto empatico e nella gestione dei conflitti. Il silenzio, utilizzato in modo efficace, non è una pausa passiva, ma un attivo creare spazio - uno spazio che può offrire respiro, riflessione e un'opportunità per gli individui di connettersi più profondamente con i propri bisogni e sentimenti. In contesti conflittuali, un silenzio attento e intenzionale può funzionare come un potente attivatore di introspezione e presenza, consentendo alle parti di esplorare e navigare attraverso il proprio paesaggio interiore con una maggiore chiarezza e consapevolezza.

**Sostenere l'Equità:**
È essenziale considerare il principio di equità nella gestione dei conflitti attraverso la NVC. Ogni parte coinvolta ha bisogni validi e autentici, e ogni voce merita di essere ascoltata e onorata. Sostenere l'equità non significa necessariamente che ogni parte otterrà ciò che desidera nella forma in cui lo desidera, ma piuttosto che i bisogni di tutti vengono presi in considerazione e valorizzati nel processo di esplorare e creare

strategie che mirano a soddisfare il maggior numero possibile di bisogni per tutti i coinvolti.

## Educazione Emozionale:

Esplorare e comprendere il panorama emozionale che emerge nei conflitti è un altro aspetto chiave dell'applicazione della NVC in questi contesti. Non solo le emozioni forniscono dati preziosi riguardo ai bisogni sottostanti, ma anche svolgono un ruolo significativo nel modulare le dinamiche del conflitto. Fornire educazione e consapevolezza riguardo alle emozioni, ai modi in cui possono essere esplorate e navigate, e alle strategie per gestirle efficacemente, può potenziare gli individui a muoversi attraverso i conflitti con una maggiore resilienza e saggezza.

## La Resilienza nel Conflitto:

Costruire e sostenere la resilienza durante e dopo i conflitti è un aspetto imperativo dell'utilizzo della NVC nelle dinamiche conflittuali. La resilienza non implica semplicemente "resistere" o "sopportare" i conflitti, ma piuttosto navigare attraverso di essi con un senso di capacità, apprendimento e crescita. Significa trovare modi per rimanere connessi con i propri bisogni e con quelli degli altri, anche quando la navigazione diventa difficile, e trovare modi per emergere dall'altra parte con nuove comprensioni, connessioni e strategie per andare avanti.

**La Proattività:**
È importante sottolineare il valore della proattività nel contesto della NVC e della gestione dei conflitti. Essere proattivi nel riconoscere e affrontare potenziali aree di tensione, nel costruire ponti comunicativi e nel stabilire canali chiari e aperti di dialogo, può spesso prevenire la scalata di tensioni minori in conflitti più grandi e più complessi. La proattività nella NVC si traduce anche in un costante impegno per la crescita e l'apprendimento, esplorando e riflettendo sulle dinamiche dei conflitti passati per costruire una maggiore saggezza e competenza nel futuro.

**Conflitto e Innovazione:**
Infine, riconoscere il conflitto non solo come una sfida, ma anche come un'opportunità per l'innovazione e la crescita, è fondamentale. I conflitti spesso portano alla superficie nuove informazioni, sfide e prospettive che, se esplorate e integrate in modo efficace, possono portare a nuove idee, approcci e soluzioni che potrebbero non essere stati possibili altrimenti. La NVC ci fornisce gli strumenti per fare questo in modo che il conflitto possa trasformarsi e diventare un

catalizzatore per la profonda trasformazione e innovazione.

Nel proseguire questo viaggio di esplorazione sulla NVC applicata al conflitto, si continua a svelare un intricato tessuto di connessioni, sfide e opportunità che possono essere continuamente approfondite e esplorate.

La Comunicazione Nonviolenta (NVC) trova un ampio e fertile campo di applicazione nella gestione e risoluzione dei conflitti, un aspetto della vita sociale e relazionale che inevitabilmente emerge quando gli individui o i gruppi hanno bisogni contraddittori o apparentemente incompatibili. Questi conflitti possono manifestarsi in svariati contesti, come nelle relazioni personali, negli ambienti di lavoro, nelle comunità, e tra gruppi sociali, culturali o politici.

## NVC: Uno Strumento per la Reconnessione e Riparazione Relazionale

La NVC non fornisce solo un framework per comprendere la natura dei conflitti, ma offre anche una strada concreta verso la riconciliazione e la riparazione relazionale. Questo processo, che affonda le sue radici nell'empatia e nel riconoscimento reciproco dei bisogni, guida le parti coinvolte a traversare lo spazio conflittuale con intenzionalità, attenzione e rispetto, sottolineando che i bisogni di ognuno hanno la stessa importanza, senza gerarchie.


## La Riscoperta dell'Umanità Comune

Nel contesto dei conflitti, la NVC può agire come un ponte, non solo tra i bisogni specifici e le strategie delle parti coinvolte, ma anche come mezzo per riscoprire e riconnettere le persone alla loro comune umanità. A volte, nel vortice del conflitto, la percezione dell'"altro" può essere offuscata da giudizi, rabbia e paura. La NVC invita ogni parte a guardare oltre le strategie e i comportamenti, e vedere i bisogni umani universali che stanno cercando espressione e soddisfazione. In questo senso, la NVC può facilitare non solo una risoluzione del conflitto, ma anche una trasformazione delle relazioni e delle percezioni.

## Dalla Competizione alla Cooperazione

L'applicazione della NVC nel contesto dei conflitti enfatizza la transizione da una mentalità di competizione a una di cooperazione e interconnessione. Nella cooperazione, i bisogni di tutti vengono considerati e inclusi nel trovare soluzioni e strategie che siano reciprocamente soddisfacenti, o quantomeno accettabili per tutte le parti coinvolte. È un cammino che richiede una volontà di dialogo, di condivisione vulnerabile, e di ascolto empatico.

## La Sostenibilità delle Soluzioni

Infine, vale la pena sottolineare che le soluzioni o gli accordi raggiunti attraverso l'applicazione della NVC tendono a essere più sostenibili e duraturi nel tempo. Questo perché, quando le soluzioni emergono da un processo che ha onorato i bisogni di tutte le parti, c'è un maggiore senso di proprietà, impegno e integrazione di tali soluzioni da parte di tutti coloro che sono coinvolti.

## Conclusione:

Il viaggio attraverso il conflitto con la NVC non è semplicemente un processo meccanico di applicare tecniche e principi, ma un profondo percorso umano che esplora, riconnette e celebra l'umanità condivisa anche nelle situazioni più difficili. Nella sua essenza, la NVC ci invita a entrare nel conflitto con cuore aperto, pronti ad accogliere sia il dolore che la speranza, e guidare il cammino verso soluzioni che celebrano e onorano la sacralità dei bisogni umani in tutte le loro espressioni.

È un percorso intrinseco di crescita, apprendimento e costante riflessione, un itinerario che, mentre esplora il terreno spesso spinoso del conflitto, simultaneamente tesse un tessuto di connessioni, rispetto e comprensione reciproca, aprendo nuove possibilità per future interazioni e l'emergere di una cultura di pace e collaborazione.

10. Pratica e Esercizi: Fornire esercizi pratici e situazioni ipotetiche per aiutare il lettore a integrare i principi della NVC nella vita quotidiana.

Praticare la Comunicazione Nonviolenta (NVC) nella vita quotidiana richiede dedizione e uno spazio consapevole per mettere in pratica i principi e gli strumenti appresi. Esercizi pratici e scenari ipotetici sono fondamentali per facilitare questo processo, poiché permettono agli individui di esplorare, sperimentare e integrare la NVC in modo più tangibile e contestualizzato.

**Esercizio 1: Osservazione senza Giudizio Obiettivo**: Sviluppare la capacità di osservare senza applicare giudizi immediati.

- **Passo 1**: Scegli una situazione recente che ti ha provocato disagio o frustrazione.
- **Passo 2**: Scrivi la situazione nel modo più oggettivo e descrittivo possibile, senza interpretazioni o valutazioni.
- **Passo 3**: Rifletti e scrivi eventuali giudizi o interpretazioni che avevi sulla situazione e confrontali con la descrizione oggettiva.

**Esercizio 2: Esplorazione dei Sentimenti**
**Obiettivo**: Riconoscere e differenziare tra veri sentimenti e interpretazioni/pensieri giudicanti.

- **Passo 1**: Ripensa a una conversazione o un evento recente che ti ha suscitato forti emozioni.
- **Passo 2**: Scrivi le emozioni che pensi di aver provato.
- **Passo 3**: Identifica e annota eventuali pensieri o interpretazioni che potresti confondere con i sentimenti.

**Esercizio 3: Connessione con i Bisogni**
**Obiettivo**: Identificare e connettersi con i bisogni sottostanti i tuoi sentimenti.

- **Passo 1**: Considera un momento di disagio o conflitto recente.
- **Passo 2**: Usa una lista di bisogni per identificare quali erano i tuoi bisogni insoddisfatti in quel momento.
- **Passo 3**: Esplora come cambia la tua percezione della situazione quando ti connetti con quei bisogni.

**Esercizio 4: Formulare Richieste Chiare**
**Obiettivo**: Praticare la formulazione di richieste positive, chiare e fattibili.

- **Passo 1**: Pensando a una situazione in cui un tuo bisogno non è stato soddisfatto, scrivi che cosa avresti voluto che accadesse diversamente.

- **Passo 2**: Trasforma quella voglia in una richiesta chiara, positiva e realizzabile, espressa in azioni concrete che gli altri possono fare per contribuire a soddisfare il tuo bisogno.

**Esercizio 5: Ascolto Empatico**

**Obiettivo**: Praticare l'ascolto empatico focalizzandosi sui sentimenti e bisogni dell'altra persona.

- **Passo 1**: Ascolta qualcuno che condivide un'esperienza o una sfida senza interrompere o dare consigli.
- **Passo 2**: Rifletti indietro ciò che hai sentito, focalizzandoti sui possibili sentimenti e bisogni espressi.
- **Passo 3**: Chiedi conferma e apri spazio per ulteriori condivisioni.

**Scenario Ipottetico**

**Situazione**: Sei in ritardo per un appuntamento con un amico.

- **Senza NVC**: Potresti avvicinarti all'amico con scuse, giustificazioni o forse con rabbia se senti che le loro aspettative sono irragionevoli.
- **Con NVC**: Puoi esprimere la tua osservazione ("Mi sono accorto che sono arrivato 20 minuti in ritardo"), sentimento (magari disagio o rammarico), bisogno (forse considerazione reciproca o affidabilità) e richiesta ("Mi chiedo se potremmo parlare del mio ritardo e trovare un modo per evitare frustrazioni in futuro").

Attraverso questi esercizi e scenari, l'intento è fornire un campo pratica e riflessione, consentendo di esplorare e internalizzare più profondamente gli aspetti della NVC, favorendo un'applicazione più autentica e integrata di questi principi nella vita quotidiana e nelle relazioni.

La pratica e l'applicazione della Comunicazione Nonviolenta (NVC) spaziano oltre le cinque situazioni di esercizio e lo scenario ipotetico proposti, arricchendosi ulteriormente quando affrontiamo diverse sfumature e contesti della nostra vita quotidiana e delle nostre relazioni interpersonali. È essenziale riconoscere che ogni elemento della NVC, e ogni situazione in cui essa viene applicata, offre un'opportunità unica per approfondire la propria comprensione e abilità in questo approccio comunicativo.

**Esercizi Aggiuntivi e Considerazioni Pratiche**

Esercizio 6: Autocompatimento e Auto-empatia

**Obiettivo**: Praticare la connessione con i propri sentimenti e bisogni in momenti di sfida personale o auto-giudizio.

- **Passo 1**: Riconosci un momento in cui sei stato duro con te stesso e scrivi cosa ti sei detto.
- **Passo 2**: Identifica i sentimenti e i bisogni sottostanti quel giudizio autodiretto.

- **Passo 3**: Scrivi un messaggio di autocompatimento che rispecchi quei sentimenti e bisogni.


Esercizio 7: Ricevere con Empatia
**Obiettivo**: Sviluppare la capacità di ricevere messaggi difficili con empatia, mantenendo la connessione con i propri bisogni e sentimenti.
- **Passo 1**: Ripensa a un momento in cui hai ricevuto un feedback difficile o critico.
- **Passo 2**: Nota i tuoi sentimenti e bisogni iniziali in risposta al feedback.
- **Passo 3**: Prova a riformulare il messaggio ricevuto in termini di osservazioni, sentimenti, bisogni e richieste dell'altra persona.

Esercizio 8: Riformulare i Giudizi
**Obiettivo**: Tradurre i giudizi e le critiche in linguaggio NVC.
- **Passo 1**: Identifica una critica o un giudizio che hai espresso o pensato recentemente.
- **Passo 2**: Trasforma quel giudizio in un'osservazione libera da valutazioni.
- **Passo 3**: Esplora i sentimenti e i bisogni che stavano alla base del giudizio originale.

Esercizio 9: La Gratitudine attraverso la NVC
**Obiettivo**: Esprimere apprezzamento e gratitudine utilizzando il modello NVC.

- **Passo 1**: Pensare a qualcosa che qualcuno ha fatto per te che hai veramente apprezzato.
- **Passo 2**: Esprima la tua gratitudine usando le quattro componenti: osservazione, sentimento, bisogno e richiesta (anche se in questo contesto, potrebbe essere più un'affermazione che una richiesta).

La profondità della pratica della NVC risiede anche nella sua applicazione continua e nella riflessione sulle esperienze vissute. Ogni conversazione e interazione fornisce terreno fertile per l'applicazione dei principi della NVC, sia che si tratti di dialoghi interni che di comunicazione con gli altri.

Esaminare con regolarità le proprie conversazioni, soprattutto quelle che presentano sfide, con un'ottica NVC, può essere una pratica formativa che consente di scoprire nuove intuizioni e modi di essere presenti e comunicare che sono più allineati con i propri valori e bisogni autentici. Ogni scambio può essere visto come un'opportunità per la pratica, un caso di studio personale nel quale applicare, testare e affinare la tua abilità nella NVC.

Inoltre, lo sviluppo della consapevolezza dei bisogni - sia propri che altrui - arricchisce il processo di connessione e facilita la creazione di strategie che onorano e tengono conto di tutti i bisogni in gioco in una data situazione o dinamica relazionale. Esercizi e riflessioni pratiche possono essere sviluppati e personalizzati ulteriormente per abbracciare una vasta gamma di situazioni e contesti, permettendo così una esplorazione continua e approfondita delle ricchezze e delle sfide che emergono nell'arte di comunicare nonviolentemente.

Sviluppando ulteriormente il discorso sulla pratica e sugli esercizi legati alla Comunicazione Nonviolenta (NVC), vale la pena sottolineare quanto l'assimilazione e l'implementazione delle sue competenze siano essenziali per la costruzione di un dialogo costruttivo e per il mantenimento di relazioni sane e appaganti, sia a livello personale che professionale.

**L'Importanza del Ruolo della Pratica Continua**

Il concetto di pratica continua nella NVC è imperativo. Considerando che ci immergiamo in una varietà di situazioni comunicative ogni giorno, ciascuna di esse presenta una nuova opportunità per applicare i principi della NVC. Che si tratti di interazioni quotidiane con colleghi, amici e familiari, o di situazioni più cariche emotivamente, come discussioni o conflitti, ogni scenario propone delle sfide e delle opportunità uniche per esercitarsi nell'arte della comunicazione empatica e nonviolenta.

1. **Pratica con Diversi Gruppi di Persone**: Sperimentare l'applicazione della NVC con diverse persone e in vari contesti può offrire prospettive e sfide uniche. Ogni individuo e ogni situazione portano con sé delle dinamiche e delle sfumature particolari, che possono arricchire e diversificare la propria pratica della NVC.

2. **Riflessione Post-Interazione**: La riflessione, sia immediata che ritardata, su conversazioni e interazioni passate può offrire intuizioni preziose. Analizzare le proprie reazioni emotive, le scelte linguistiche, e i modelli di pensiero che sono emersi può aiutare a identificare aree di forza e di crescita nella propria pratica della NVC.

3. **Giornale della NVC**: Mantenere un "giornale della NVC", in cui si registrano le proprie osservazioni, sentimenti, bisogni e richieste legati a specifiche interazioni, può servire come utile strumento di riflessione e apprendimento. Esplorare le situazioni passate con una mentalità orientata alla crescita e all'apprendimento continuo, osservando come le dinamiche comunicative si sviluppano e cambiano nel tempo e attraverso diverse situazioni.

4. **Gruppi di Pratica NVC**: Unirsi a o formare un gruppo di pratica NVC può fornire uno spazio

sicuro e di sostegno in cui esplorare e applicare i principi della NVC in modo più strutturato e intenzionale. Questo può anche facilitare l'apprendimento attraverso l'osservazione e il feedback costruttivo, permettendo di vedere come altri applicano la NVC nelle loro vite.

5. **Situazioni Ipotetiche e Role-Playing**: Creare scenari ipotetici o partecipare a sessioni di role-playing può essere un modo per esplorare la NVC in situazioni che potrebbero non presentarsi naturalmente. Questa pratica permette di esplorare dinamiche, sfide e soluzioni in un ambiente controllato, fornendo un'opportunità per sviluppare abilità e competenze in un contesto di "prova ed errore".

6. **Leggere e Studiare ulteriori Materiale sulla NVC**: Continuare ad esplorare libri, articoli, video e altri materiali sulla NVC per approfondire la propria comprensione e scoprire nuove prospettive e applicazioni di questi principi. La NVC è un campo di pratica ricco e in continua evoluzione, e ci sono molte risorse disponibili che possono offrire nuove intuizioni e approfondimenti.

Ogni punto di pratica, da quelli più strutturati e intenzionali a quelli più spontanei e imprevisti, porta con sé l'opportunità di sviluppare ulteriormente le competenze in NVC e di approfondire la propria comprensione ed esperienza di connessione empatica e comunicazione nonviolenta. Ricordando sempre che la pratica costante, la riflessione, e l'apertura all'apprendimento e alla crescita sono pilastri centrali nel percorso di maestria nella Comunicazione Nonviolenta.

Concludere il punto sulla pratica e sugli esercizi nella Comunicazione Nonviolenta (NVC) in maniera dettagliata necessita di un esame finale dell'importanza della continua crescita e della reiterata pratica in questo dominio. L'essenza della NVC non è solo una tecnica comunicativa da adottare, ma piuttosto una filosofia e un atteggiamento da integrare profondamente nel nostro essere e nelle nostre interazioni quotidiane.

## Approfondimento Continuo

La pratica della NVC non si arresta con la padronanza dei suoi principi fondamentali, ma richiede un impegno a lungo termine per un apprendimento e una crescita continui. La NVC, con la sua focalizzazione sull'autenticità, l'empatia e la connessione umana, offre un percorso che si sviluppa ed evolve nel corso della vita dell'individuo. Approcciarsi alla NVC con la consapevolezza che si tratta di un percorso di apprendimento costante può facilitare un'esperienza più ricca e autentica, permettendo allo stesso tempo una maggiore gentilezza e comprensione nei confronti dei propri progressi e sfide.

## Rilevanza della Pratica Intenzionale

La rilevanza della pratica continua e intenzionale si manifesta chiaramente quando ci confrontiamo con sfide comunicative reali e concrete. In particolare, nelle situazioni cariche di emotività o nei conflitti, l'applicazione pratica dei principi della NVC può essere messa alla prova. La capacità di mantenere un approccio nonviolento, centrato sull'empatia e la connessione, anche nei momenti di stress e difficoltà, è in gran parte il risultato di una pratica regolare e intenzionale.

## Coltivare l'Autoconsapevolezza

L'autoconsapevolezza è un componente fondamentale nell'applicazione efficace della NVC. Esplorando e comprendendo i propri schemi comunicativi, reazioni emotive e bisogni sottostanti, si crea una base solida per interagire con gli altri in modo autentico ed empatico. Questo aspetto della pratica della NVC riguarda non solo l'abilità di navigare efficacemente attraverso le proprie esperienze interne, ma anche l'arte di connettersi con le esperienze degli altri da un luogo di genuina curiosità e compassione.

**La Sfida della Coerenza**

La coerenza nell'applicare i principi della NVC attraverso diverse aree della vita e in vari contesti rappresenta una sfida significativa e una ricca opportunità di pratica. Che si tratti di interazioni familiari, amicali o professionali, ogni contesto offre sfumature e dinamiche uniche che possono arricchire e diversificare l'esperienza della pratica della NVC. L'impegno verso la coerenza non solo rafforza la pratica personale, ma funge anche da modello di comunicazione empatica e nonviolenta per coloro con cui interagiamo.

**Comunità e Collegamento**

Infine, il coinvolgimento in una comunità o in un gruppo di pratica della NVC può offrire un sostegno inestimabile nel percorso di apprendimento continuo. La condivisione di esperienze, sfide e successi con altri che percorrono un cammino simile non solo arricchisce la propria pratica e comprensione della NVC, ma nutre anche un senso di connessione e appartenenza che è fondamentale per il benessere umano.

In definitiva, ogni passo, ogni riflessione e ogni momento di pratica nella NVC si intrecciano per formare un tessuto ricco e multiforme di esperienze e apprendimenti. La pratica della NVC non è un traguardo da raggiungere, ma un percorso da esplorare, un viaggio che offre innumerevoli opportunità per approfondire la connessione con se stessi e con gli altri, e per navigare nel mondo con maggiore consapevolezza, compassione ed efficacia comunicativa.

11. Storie di Successo: Condividere storie reali di individui o gruppi che hanno utilizzato con successo la NVC per migliorare le loro relazioni

La Comunicazione Nonviolenta (NVC) è stata utilizzata con successo in una moltitudine di contesti diversi, dalle relazioni interpersonali alle mediazioni internazionali. È stata adottata in diverse nazioni, comunità, organizzazioni e anche in situazioni di conflitto per costruire ponti tra le persone, migliorare le relazioni e promuovere una comunicazione autentica ed empatica. Di seguito, alcune storie di successo riguardanti l'applicazione della NVC.

**Storia 1: Mediazione in una Zona di Conflitto**

In un contesto internazionale, la NVC è stata utilizzata per facilitare dialoghi e mediazioni in zone di conflitto. Ad esempio, nei Balcani, durante e dopo i conflitti degli anni '90, diversi gruppi hanno utilizzato principi e pratiche di NVC per instaurare dialoghi tra comunità precedentemente in conflitto. Hanno creato spazi sicuri dove le persone potevano esprimere i propri bisogni, paure e desideri, senza giudizio o rabbia. Questo ha permesso la nascita di un terreno comune, facilitando la comprensione e la collaborazione tra gruppi diversi.

## Storia 2: Miglioramento delle Relazioni Familiari

A livello personale e familiare, ci sono numerosi esempi di individui che hanno trasformato le proprie relazioni attraverso la NVC. In una storia, una donna ha utilizzato la NVC per trasformare una relazione difficile con suo padre. Attraverso un ascolto empatico e l'espressione autentica dei propri sentimenti e bisogni, sono riusciti a superare anni di incomprensioni e dolori, costruendo una nuova relazione basata sul rispetto reciproco e sulla connessione autentica.

## Storia 3: Applicazione della NVC nelle Scuole

Anche nel contesto educativo, la NVC ha offerto strumenti preziosi per migliorare le relazioni e la comunicazione. In diverse scuole, l'introduzione di programmi basati sulla NVC ha portato a una significativa riduzione dei conflitti e miglioramenti nelle relazioni tra studenti e tra studenti e insegnanti. Gli studenti imparano a esprimere i propri sentimenti e bisogni in modo chiaro e a ascoltare quelli degli altri con empatia, promuovendo un ambiente più supportivo e collaborativo.

## Storia 4: Gestione dei Conflitti in un'Organizzazione

In ambito organizzativo, la NVC è stata impiegata per risolvere conflitti e migliorare la collaborazione nei team. In un'organizzazione, un team ha utilizzato la NVC per affrontare e risolvere tensioni persistenti e conflitti interpersonali che ostacolavano la produttività e il benessere dei membri del team. L'adozione di principi e pratiche di NVC ha portato a una maggiore comprensione reciproca e ha costruito una base per una collaborazione più efficace e armoniosa.

## Storia 5: Interventi Comunitari

In termini di comunità, un esempio brillante di applicazione della NVC può essere osservato in alcune comunità che hanno adottato la NVC come strumento principale per la gestione dei conflitti e la promozione del dialogo. Questo ha contribuito a creare una cultura di rispetto, ascolto e cooperazione tra i membri della comunità, riducendo le tensioni e migliorando la qualità delle relazioni interpersonali.

Queste storie illustrano la flessibilità e l'efficacia della NVC in una varietà di contesti e applicazioni. Che si tratti di risolvere conflitti in aree di guerra, migliorare le relazioni familiari, promuovere ambienti di apprendimento positivi, migliorare la collaborazione nei team o costruire comunità resilienti, la NVC offre strumenti preziosi per migliorare la comunicazione e costruire relazioni basate sull'empatia, l'autenticità e il rispetto reciproco.

La potenza della Comunicazione Nonviolenta (NVC) si manifesta in varie forme e attraverso diverse storie, non solo in ambiti specifici come quelli precedentemente citati, ma anche in scenari molto diversi e talvolta sorprendentemente unici, mettendo in evidenza quanto questo metodo di comunicazione sia versatile e trasversale.

**Costruire la Pace in Contesti Post-Bellici**

Pensando alla ricostruzione delle relazioni e della pace in aree che hanno sperimentato il trauma della guerra e del conflitto, la NVC si è rivelata una componente cruciale nel facilitare il dialogo tra gruppi rivali. È stata usata, ad esempio, in alcuni paesi africani post-conflitto per facilitare il dialogo tra gruppi etnici diversi, favorendo un'atmosfera dove il dolore, la rabbia e la paura potessero essere espressi e ricevuti in modo autentico e senza giudizio. In queste situazioni, la NVC ha creato spazi in cui le persone potessero cominciare il lungo percorso di guarigione dai traumi subiti, aiutandole a vedere "il nemico" come un essere umano con bisogni e sentimenti simili ai propri.

## Abilitare il Dialogo in Prigione

In alcune prigioni, la NVC è stata utilizzata per abilitare il dialogo tra i detenuti e tra i detenuti e il personale, contribuendo a ridurre la violenza e migliorare il benessere generale all'interno dell'istituzione. I detenuti hanno potuto comprendere e prendere responsabilità per i propri sentimenti e bisogni e imparare a rispondere ai bisogni degli altri in modo costruttivo e non violento. Questo ha spesso portato a miglioramenti significativi nell'ambiente carcerario e talvolta ha anche facilitato il processo di riabilitazione dei detenuti.

## NVC nelle Aziende

Nel mondo aziendale, la NVC ha trovato applicazione nel facilitare una comunicazione più autentica e produttiva tra dirigenti, manager e dipendenti. Ha offerto un mezzo attraverso il quale le persone possono esprimere onestamente le proprie esigenze e aspettative, e ha anche fornito le competenze necessarie per ascoltare con empatia i bisogni e le preoccupazioni dei colleghi. L'introduzione della NVC può portare a una riduzione dei conflitti e a un miglioramento del morale all'interno delle aziende, creando un ambiente di lavoro più supportivo e cooperativo.

**Ambiti Educativi Superiori**
Nei contesti educativi superiori, come università e college, la NVC è stata utilizzata per formare gli studenti su come gestire i conflitti e comunicare efficacemente con i colleghi, il personale docente e amministrativo. Essendo un ambiente dove persone provenienti da diverse culture e contesti si incontrano e interagiscono, l'abilità di comunicare con empatia e senza giudizio diventa fondamentale per mantenere un ambiente armonioso e favorevole all'apprendimento.

**La NVC e la Politica**
In ambito politico, alcuni leader hanno adottato principi della NVC per guidare dialoghi e negoziati più costruttivi e pacifici. L'utilizzo della NVC ha permesso di abbattere le barriere della polarizzazione e dell'incomprensione, facilitando la creazione di soluzioni politiche e legislativa più inclusive e accettate da tutte le parti in causa.

**La NVC nel Settore Sanitario**
Il settore sanitario è un altro ambiente in cui la NVC ha trovato applicazione fruttuosa. Medici, infermieri e altri operatori sanitari hanno utilizzato la NVC per migliorare la comunicazione sia all'interno dei team medici che nella relazione con i pazienti. Ascoltare con empatia e comunicare chiaramente può migliorare non solo la qualità delle cure fornite ma anche l'esperienza del paziente, facilitando,

ad esempio, la comprensione delle diagnosi e dei piani di trattamento.

## Comunità Religiose e Spirituali

In comunità religiose e spirituali, la NVC ha aiutato a facilitare dialoghi e comprensioni tra persone con visioni teologiche diverse, creando uno spazio in cui le divergenze possono essere espresse e accolte con empatia piuttosto che giudizio. Ciò ha anche contribuito a promuovere una maggiore unità e cooperazione all'interno di tali comunità.

Tutti questi esempi sottolineano la versatilità e l'efficacia della NVC in svariati contesti e situazioni, attestando come possa davvero essere uno strumento universale per la promozione di una comunicazione e relazioni più autentiche e compassionevoli.

Oltre agli scenari precedentemente descritti, la Comunicazione Nonviolenta (NVC) trova applicazione in una pletora di altri contesti, aiutando a costruire ponti tra le persone, a migliorare le relazioni interpersonali e a seminare i semi della comprensione e dell'empatia. Approfondiamo alcuni esempi addizionali che mostrano l'ampia gamma di applicazioni della NVC.

**Organizzazioni Non Governative**

Le Organizzazioni Non Governative (ONG) spesso operano in contesti complicati e sfidanti, dove la gestione dei conflitti e la capacità di costruire rapporti solidi sono essenziali. La NVC può assistere i lavoratori delle ONG nel navigare attraverso interazioni complesse con le comunità locali, donatori e partner, assicurando che siano in grado di ascoltare, comprendere e rispondere ai bisogni delle diverse parti interessate con le quali interagiscono. Questo, a sua volta, può migliorare l'efficacia dei programmi e delle iniziative delle ONG, facilitando la co-creazione di soluzioni con le comunità servite.

**Genitorialità**

In ambito familiare, la NVC si dimostra uno strumento prezioso per la genitorialità, fornendo ai genitori gli strumenti per comprendere meglio i sentimenti e i bisogni dei loro figli e viceversa. Questo metodo consente di creare un dialogo aperto e onesto, dove i bambini si sentono ascoltati e compresi. Questa applicazione della NVC può contribuire a formare una base per un rapporto genitore-figlio più solido e sano, che a sua volta può influenzare positivamente lo sviluppo emotivo e sociale del bambino.

## Gruppi di Auto-Aiuto

I gruppi di auto-aiuto traggono grande beneficio dall'applicazione dei principi della NVC, creando spazi sicuri dove i partecipanti possono esprimere liberamente i propri sentimenti e bisogni senza timore di essere giudicati. Questa pratica consente ai membri del gruppo di sostenersi a vicenda in modo autentico e empatico, contribuendo al processo di guarigione e sviluppo personale.

## Nelle Relazioni di Coppia

La NVC può essere uno strumento fondamentale anche nelle relazioni di coppia, facilitando la comprensione reciproca e contribuendo alla risoluzione dei conflitti in modo costruttivo. La pratica di esprimere chiaramente i propri sentimenti e bisogni e di ascoltare il partner con empatia può significativamente migliorare la qualità della relazione e costruire una fondazione di rispetto e comprensione mutua.

## All'interno delle Scuole

Nel contesto scolastico, insegnanti e studenti possono utilizzare la NVC per creare un ambiente di apprendimento più supportivo e cooperativo. Gli insegnanti possono utilizzare la NVC per capire meglio i bisogni degli studenti, mentre gli studenti possono utilizzarla per esprimere le proprie esigenze e preoccupazioni in modo chiaro e non violento. Inoltre, l'introduzione della NVC nelle scuole può aiutare a gestire e prevenire il bullismo, facilitando la creazione di un ambiente scolastico più sicuro e accogliente.

**Nell'Arte e nella Cultura**

Artisti e creatori di cultura possono utilizzare la NVC come strumento per esplorare e comunicare temi relativi alle relazioni umane, al conflitto e alla connessione in modo più profondo e autentico. La NVC può ispirare opere d'arte che sfidano, esplorano e celebrano la natura umana, offrendo al contempo uno spazio per il dialogo e la riflessione all'interno della comunità artistica e culturale.

**Programmi di Mediazione**

Nei programmi di mediazione, la NVC si rivela un potente strumento per facilitare il dialogo tra le parti in conflitto. Fornisce ai mediatori gli strumenti per aiutare le parti a esprimere e comprendere i bisogni reciproci, promuovendo soluzioni che rispondano alle esigenze di tutti i coinvolti.

L'impiego della NVC in queste e altre innumerevoli situazioni rende evidente quanto sia essenziale la comunicazione empatica ed efficace nel facilitare l'armonia e la comprensione all'interno delle relazioni e delle comunità. La capacità di navigare attraverso le conversazioni difficili con compassione e comprensione apre la porta a relazioni più profonde e soddisfacenti e a comunità più unite e resilienti.

Concludere questo punto richiede una riflessione sui molteplici modi in cui la Comunicazione Nonviolenta (NVC) ha non solo permeato vari aspetti delle interazioni umane e delle relazioni nelle storie di successo condivise, ma anche come ha creato un impatto duraturo, positivo e trasformativo nei contesti discussi.

In ogni esempio presentato, ciò che risalta con preminenza è la straordinaria capacità della NVC di smantellare le barriere comunicative e costruire ponti di connessione, anche nelle situazioni più complesse e sfidanti. La sua essenza risiede nella promozione di un dialogo aperto e sincero, arricchito dall'empatia e dalla volontà di comprendere i bisogni reciproci.

Per esempio, le ONG che operano in contesti difficili possono promuovere la pace, la cooperazione e lo sviluppo utilizzando la NVC come strumento per intessere relazioni autentiche e durature tra diverse parti interessate. Nelle relazioni di coppia, la NVC non solo assiste nella gestione dei conflitti, ma serve anche come strumento per approfondire la connessione e la comprensione tra i partner, spesso rivelando livelli di intimità e vulnerabilità che altrimenti potrebbero rimanere inesplorati.

Nel contesto della genitorialità, l'applicazione della NVC può essere un veicolo attraverso cui genitori e figli apprendono l'arte della connessione empatica e dell'ascolto attivo, trasformando la loro relazione in uno spazio di sicurezza emotiva e sostegno reciproco.

Anche nel mondo dell'arte e della cultura, la NVC ha la capacità di ispirare e infondere opere con una profondità emotiva e una ricchezza di espressione che parla ai bisogni umani universali, creando allo stesso tempo spazi per dialoghi e discussioni significative.

Ciò che emerge chiaramente dalle diverse applicazioni della NVC è la sua trasversalità e la sua universale risonanza con l'esperienza umana. I principi della NVC offrono una bussola per navigare attraverso il vasto oceano delle relazioni umane, fornendo uno schema che orienta verso la comprensione, l'empatia e la connessione autentica.

Inoltre, le storie di successo della NVC rappresentano sorgenti di ispirazione e modelli da emulare. Esse incarnano le infinite possibilità che emergono quando gli individui e le comunità scelgono di interagire tra loro da un luogo di compassione e comprensione. Ogni storia condivisa è un tributo al potere trasformativo della NVC e una testimonianza della sua capacità di portare luce nei luoghi oscuri dei conflitti e delle incomprensioni.

Concludendo, la NVC emerge non solo come una metodologia comunicativa ma come una filosofia di vita, un percorso attraverso cui imparare a connetterci con noi stessi e con gli altri in modo più autentico, vulnerabile e umano. La sua pratica continua e profonda non solo facilita la risoluzione dei conflitti, ma anche nutre il terreno da cui possono fiorire relazioni e comunità più sane, consapevoli e connesse.


12. NVC e la Parentela: Discutere l'applicazione della NVC nella vita familiare e nelle relazioni con i bambini.


L'applicazione della Comunicazione Nonviolenta (NVC) nelle dinamiche familiari e nelle relazioni con i bambini si rivela un elemento cruciale per costruire un ambiente domestico arricchito da rispetto mutuo, comprensione e supporto empatico.

La vita familiare può essere considerata uno degli ambienti più significativi, ma anche più complessi, in cui la comunicazione gioca un ruolo centrale. Le famiglie sono spesso un microcosmo di personalità diverse, bisogni, desideri, valori e aspettative. Gestire queste differenze, particolarmente quando includono le naturali sfide evolutive dei bambini attraverso diverse fasi della crescita, richiede un atteggiamento comunicativo attento e consapevole.

**1. Creare un Ambiente Sicuro:** In primo luogo, l'applicazione della NVC contribuisce a creare un ambiente sicuro in cui ogni membro della famiglia si sente visto, ascoltato e valorizzato. Questo si traduce nel fornire uno spazio in cui i sentimenti e i bisogni di tutti sono riconosciuti e considerati validi, indipendentemente dall'età o dal ruolo all'interno della famiglia.

**2. Gestione dei Conflitti:** Inoltre, la NVC fornisce strumenti vitali per la gestione dei conflitti. Le sfide, le frustrazioni e i disaccordi sono naturali all'interno delle dinamiche familiari. La NVC fornisce un quadro attraverso il quale questi possono essere affrontati in modo costruttivo, senza colpevolizzazioni o recriminazioni. Invece di focalizzarsi su chi ha ragione o torto, la famiglia può focalizzarsi su come soddisfare i bisogni di tutti in modo equo e amorevole.

**3. Educazione dei Bambini:** Quando si tratta di interagire con i bambini, la NVC può servire come un fondamentale modello educativo. Ciò significa esprimere richieste chiare, fornire feedback positivo, e condividere i propri sentimenti e bisogni in un modo che sia comprensibile e accettabile per loro. I bambini, a loro volta, apprendono come esprimere le proprie esigenze e sentimenti senza ricorrere a comportamenti aggressivi o passivi.

**4. Sviluppo dell'Empatia:** Educare i bambini all'empatia è un altro aspetto saliente della NVC. Attraverso l'osservazione dei modelli adulti di ascolto attivo e risposta empatica, i bambini imparano a sintonizzarsi con i propri sentimenti e con quelli degli altri. Questa competenza, sviluppata fin dalla tenera età, può essere fondamentale nel formare individui equilibrati e socialmente consapevoli.

**5. Condivisione del Potere:** La NVC incoraggia anche una distribuzione più equa del potere all'interno della famiglia, evitando dinamiche autoritarie. Ciò non significa eliminare le gerarchie necessarie, ma piuttosto stabilire limiti con gentilezza e chiarezza, esplorando soluzioni che rispettino i bisogni di tutti i membri della famiglia.

**6. Costruzione del Rispetto Mutuo:** Il rispetto mutuo è fondamentale. Insegnare ai bambini che i loro sentimenti e bisogni sono validi e importanti - e al contempo mostrare che anche i bisogni e i sentimenti degli altri hanno valore - costruisce un solido fondamento di rispetto reciproco.

**7. Legami Forti:** Ultimamente, adottare la NVC può aiutare a formare e mantenere legami familiari forti e sani. In un ambiente in cui ciascuno si sente compreso e valorizzato, le relazioni prosperano e si sviluppano in un modo che sostiene il benessere emotivo e psicologico di tutti.

**Conclusione:** L'applicazione della NVC nella vita familiare e nelle relazioni parentali non è solo una tecnica, ma un modo di vivere e di interagire che nutre l'anima della casa, rendendola un rifugio di comprensione e accettazione. Essa modella un modo di essere nel mondo che incoraggia la consapevolezza, la cura e la connessione - valori che si rifletteranno in ogni interazione al di fuori del nucleo familiare, contribuendo a costruire una società più compassionevole e empatica.

L'applicazione della Comunicazione Nonviolenta (NVC) nella parentela continua a palesarsi in varie sfaccettature, che trascendono le mura domestiche e penetrano nelle interazioni quotidiane, nell'educazione e nel benessere generale della famiglia. Oltre ai punti discussi precedentemente, ci sono altre dimensioni ed esempi che potrebbero essere esplorati per approfondire ulteriormente questo tema.

**8. Facilitare la Comunicazione tra i Genitori:** La NVC può essere un valido strumento anche per migliorare la comunicazione tra i genitori stessi, offrendo un modello per gestire le divergenze in modo costruttivo e supportivo. Quando i genitori sono in grado di comunicare efficacemente tra di loro, creano un ambiente più armonioso e stabiliscono un modello positivo di comunicazione per i loro figli.

**9. Integrazione nella Disciplina:** La disciplina, uno degli aspetti più delicati della genitorialità, può trarre significativi benefici dall'applicazione della NVC. Anziché adottare un approccio punitivo, la NVC incoraggia gli adulti a esplorare i bisogni e i sentimenti alla base del comportamento dei bambini, cercando soluzioni che rispondano a quei bisogni senza compromettere l'armonia e il rispetto reciproco.

**10. NVC come Strumento Educativo:** La NVC può anche essere utilizzata come uno strumento educativo diretto, insegnando ai bambini come utilizzare il modello per navigare attraverso le loro interazioni sociali al di fuori della famiglia. Questo potrebbe includere la gestione dei disaccordi con gli amici, la negoziazione di bisogni e desideri, e

l'articulazione chiara dei propri sentimenti e
pensieri.

## 11. Gestione dello Stress e Autocura:

Inoltre, la NVC può essere utilizzata come uno
strumento di gestione dello stress e autocura per
i genitori. Comprendere e articolare i propri
bisogni e sentimenti, e avere strategie per
comunicarli in modo efficace agli altri membri
della famiglia, può facilitare una maggiore
armonia e un minore stress all'interno della
dinamica familiare.

## 12. Creare una Community di Supporto:

L'applicazione della NVC può anche estendersi
alla creazione di una comunità di supporto tra
famiglie che condividono valori e obiettivi simili.
Questo potrebbe includere la creazione di gruppi
di gioco o circoli di supporto per i genitori che
condividono una dedizione alla comunicazione
nonviolenta e alla genitorialità consapevole.

## 13. Fornire un Modello Positivo: Mantenere

una pratica coesa di NVC anche nei momenti
difficili fornisce un modello potente e positivo
per i bambini, mostrando loro che i conflitti
possono essere risolti con rispetto e cura, anche
quando gli animi sono accesi o le emozioni sono
alte.

## 14. Risoluzione Creativa dei Problemi:

Sviluppare la capacità dei bambini di risolvere i
problemi in modo creativo è un altro dono della

NVC. Quando i bambini si sentono ascoltati e i loro bisogni sono presi sul serio, essi sono più propensi a impegnarsi in un processo collaborativo per trovare soluzioni che funzionino per tutti.

**15. Connessione e Vicinanza:** La pratica della NVC permette un approfondimento delle relazioni tra i membri della famiglia attraverso la creazione di uno spazio sicuro in cui ciascuno può esprimersi autenticamente e con vulnerabilità. Questo contribuisce a creare un profondo senso di connessione e vicinanza tra i membri della famiglia, nutrendo le relazioni su un terreno fertile di empatia e comprensione mutua.

**16. Favorire l'Indipendenza:** Incoraggiare i bambini a esprimere i propri bisogni e desideri in modo chiaro li aiuta anche a sviluppare un senso di indipendenza e autonomia. Essere in grado di comunicare efficacemente le proprie esigenze è una competenza vitale che servirà loro in ogni aspetto della loro vita.

**17. Sviluppare l'Autostima:** Quando i bambini vedono che i loro sentimenti e bisogni sono validi e importanti per i loro genitori, ciò contribuisce significativamente a costruire la loro autostima e il senso di autoefficacia.

**18. Riduzione dei Conflitti:** L'implementazione della NVC nella dinamica familiare contribuisce notevolmente a ridurre i conflitti, poiché i bisogni di tutti i membri vengono riconosciuti e validati, e le soluzioni vengono cercate in modo collaborativo e rispettoso.

La lista di esempi e applicazioni può continuare, mostrando quanto la NVC possa essere un tessuto connettivo forte e sostenibile all'interno del contesto familiare, fungendo da ponte non solo tra genitori e figli ma permeando ogni interazione e relazione all'interno del nucleo familiare.

L'applicazione della NVC all'interno delle dinamiche familiari può estendersi oltre i punti già affrontati, abbracciando diversi aspetti della vita familiare e sociale, e creando un ambiente che favorisce la crescita personale e collettiva di tutti i membri della famiglia.

**19. Incorporazione nella Routine Quotidiana:** La NVC può essere fluidamente integrata nelle routine quotidiane della famiglia, stabilendo una norma di comunicazione aperta e consapevole durante le pasti, le attività e altre interazioni quotidiane. Questo può fornire un terreno comune che facilita il dialogo e l'interazione positiva tra tutti i membri della famiglia.

## 20. Applicazione alla Relazione di Coppia:

Anche le relazioni di coppia all'interno della famiglia possono trarre immensi benefici dall'applicazione della NVC. La capacità di ascoltare il partner con empatia e senza giudizio e di esprimere i propri bisogni e sentimenti senza colpevolizzare l'altro può portare a una maggiore comprensione e a relazioni più armoniose e sostenibili.

## 21. Creare un Ambiente di Supporto:

Utilizzando i principi della NVC, una famiglia può creare un ambiente in cui ogni membro si sente ascoltato, compreso e sostenuto. Questo tipo di ambiente promuove lo sviluppo personale e la crescita, fornendo un luogo sicuro in cui sperimentare, fallire, apprendere e crescere.

## 22. Educazione all'Intelligenza Emotiva:

Incorporando la NVC, i genitori possono educare i bambini a riconoscere, comprendere e gestire efficacemente le proprie emozioni, sviluppando la loro intelligenza emotiva. Questa competenza li aiuterà non solo nelle interazioni con la famiglia, ma in tutte le loro relazioni e situazioni future.

## 23. Prevenzione del Bullismo:

Insegnare ai bambini i principi della NVC può anche servire come uno strumento di prevenzione del bullismo, fornendo loro le competenze per gestire conflitti e disaccordi in modo costruttivo e non violento, e contribuendo allo stesso tempo a sviluppare l'empatia verso gli altri.

**24. Migliorare la Gestione dei Conflitti:** Una comunicazione efficace attraverso la NVC può anche diminuire l'incidenza e l'intensità dei conflitti familiari, in quanto offre strumenti per esplorare le cause profonde dei disaccordi e trovare soluzioni che soddisfino i bisogni di tutte le parti coinvolte.

**25. Comunicare con Adolescenti:** La NVC può essere particolarmente utile nella comunicazione con gli adolescenti, un periodo spesso caratterizzato da turbolenze emotive e conflitti. Offrire uno spazio per essere ascoltati senza giudizio può facilitare un dialogo più aperto e costruttivo tra genitori e figli durante questi anni sfidanti.

**26. Creare Resilienza Emotiva:** Imparare a gestire i propri sentimenti e bisogni attraverso la NVC può anche contribuire a sviluppare una maggiore resilienza emotiva, in quanto gli individui imparano a navigare attraverso le sfide e le difficoltà con una maggiore consapevolezza e capacità di gestione delle proprie emozioni.

**27. Favorire il Teamwork:** NVC può anche essere strutturata per incoraggiare il lavoro di squadra all'interno della famiglia, promuovendo la cooperazione e la risoluzione collaborativa dei problemi, piuttosto che il conflitto e la competizione.

**28. Incrementare la Compatibilità Familiare:** Implementando la NVC, i membri della famiglia possono sviluppare una maggiore compatibilità comunicativa e relazionale, poiché imparano a comprendere e rispettare meglio i bisogni e i sentimenti degli altri.

**29. Navigare nelle Relazioni Estese:** La NVC può anche essere un utile navigatore nelle relazioni familiari estese, facilitando la comunicazione e la comprensione tra vari membri della famiglia allargata come nonni, zii, cugini ecc.

**30. Applicazione nella Vita Sociale dei Bambini:** Inoltre, le competenze acquisite attraverso la pratica della NVC non sono solo applicabili all'interno della famiglia, ma i bambini possono portare queste competenze nelle loro interazioni sociali a scuola e con gli amici, creando relazioni più sane e soddisfacenti. Le possibilità sono innumerevoli, e la pratica della Comunicazione Nonviolenta può avere implicazioni profonde e positive su tutte le sfere della vita familiare, promuovendo relazioni più sane, più forti e più autentiche tra tutti i suoi membri.

Continuando a esplorare la vastità dell'applicazione della Comunicazione Nonviolenta (NVC) nel contesto familiare e parentale, c'è un notevole potenziale per ampliare la comprensione e l'applicazione di queste tecniche in diversi ambiti e situazioni.

**31. Genitorialità e NVC:** L'applicazione dei principi della NVC alla genitorialità può notevolmente trasformare il modo in cui i genitori interagiscono con i loro figli, promuovendo uno sviluppo psicoemotivo sano, incanalando le interazioni attraverso un dialogo costruttivo e empatico.

**32. Le Alianze Familiari:** La NVC può fungere da collante nelle alleanze familiari, stabilendo legami più solidi e nutritivi tra i vari membri, promuovendo un senso di unità e coesione che può essere particolarmente prezioso durante periodi di stress o difficoltà.

**33. Trasformazione dei Conflitti:** Usando la NVC, i conflitti all'interno della famiglia possono trasformarsi da situazioni problematiche a opportunità di crescita e sviluppo, offrendo spunti preziosi per comprendere meglio le dinamiche interpersonali e migliorare le relazioni a lungo termine.

**34. NVC e Genitorialità Condivisa:** In scenari di separazione o divorzio, la NVC può diventare un importante strumento per mantenere una comunicazione efficace e un ambiente stabile per i bambini. La co-genitorialità, in particolare, può beneficiare della capacità di esprimere chiaramente i bisogni e ascoltare con empatia le preoccupazioni dell'altro genitore.

**35. NVC come Educazione alla Vita:** Incorporare la NVC come parte integrante dell'educazione dei bambini può equipaggiarli con strumenti vitali per affrontare la vita con una mentalità proattiva e positiva, saper gestire i conflitti, creare connessioni autentiche e navigare attraverso le diverse sfide che incontreranno.

**36. Costruzione della Pazienza:** Applicando principi di NVC, i genitori possono sviluppare maggior pazienza nei confronti dei comportamenti e delle esigenze dei bambini, mentre i bambini possono apprendere la pazienza attraverso la modellazione del comportamento dei genitori, stabilendo così un ciclo virtuoso di pazienza e comprensione reciproca.

**37. Sviluppo di Autonomia:** Incoraggiare l'autonomia nei bambini attraverso la NVC implica dar loro spazio per esprimere i propri bisogni e sentimenti e coinvolgerli attivamente nelle decisioni che li riguardano, contribuendo a sviluppare un senso di auto-efficacia e competenza.

**38. NVC nelle Relazioni Fraterne:**
L'applicazione della NVC nelle relazioni tra
fratelli può promuovere un ambiente familiare in
cui ogni bambino si sente visto e ascoltato,
minimizzando i conflitti fraterni e promuovendo
legami duraturi e positivi.

**39. NVC e Riconoscimento:** Facilitare la
pratica del riconoscimento e dell'apprezzamento
all'interno della famiglia attraverso la NVC può
rinforzare i legami, migliorare l'autostima e
creare un ambiente in cui tutti i membri si
sentono valorizzati e amati.

**40. NVC e Limiti:** Impostare e rispettare limiti
in modo costruttivo è essenziale per la coesione
familiare. La NVC fornisce un quadro per
esprimere chiaramente i limiti, le ragioni dietro
di essi e per negoziare soluzioni che rispettino i
bisogni di tutti.

**41. Festività e Celebrazioni:** La NVC può
essere applicata anche nel contesto delle festività
e celebrazioni familiari, facilitando la
comunicazione tra i membri della famiglia per
organizzare eventi che siano inclusivi e
soddisfacenti per tutti.

**42. Sostenere le Transizioni:** La NVC può
diventare un pilastro di supporto durante le
transizioni familiari, come un trasloco, la nascita
di un nuovo membro, o altri cambiamenti

significativi, fornendo un linguaggio e uno spazio per esprimere paure, speranze e bisogni.

**43. Il Gioco e la NVC:** Incorporare il gioco nell'applicazione della NVC, ad esempio attraverso ruoli o giochi di ruolo, può renderla accessibile e divertente per i bambini, promuovendo l'apprendimento attraverso l'esperienza diretta e il gioco simbolico.

**44. La NVC e l'Adolescenza:** Navigare attraverso le acque talvolta tumultuose dell'adolescenza può essere facilitato con l'uso della NVC, fornendo ai genitori e agli adolescenti stessi un linguaggio e delle tecniche per esplorare e condividere le loro esperienze, bisogni e sentimenti in modo autentico e rispettoso.

**45. Invecchiare con la NVC:** Utilizzare la NVC nelle dinamiche con i membri anziani della famiglia può offrire spazi di dialogo autentico e reciproco sostegno, facilitando la condivisione di bisogni e preoccupazioni relative all'invecchiamento, alla salute e al sostegno.

**46. NVC e la Salute Familiare:** La NVC può offrire un'importante piattaforma di comunicazione quando si affrontano questioni relative alla salute all'interno della famiglia, fornendo un modo per esprimere bisogni, preoccupazioni e offrire supporto in modo empatico e costruttivo.

**47. I Legami Intergenerazionali:**
L'applicazione della NVC può rafforzare i legami intergenerazionali, facilitando la condivisione di storie, valori e saggezza tra diverse generazioni e creando un tessuto connettivo solido all'interno della famiglia.
Ogni uno di questi punti contiene in sé un'infinità di sfumature, scenari, sfide e opportunità che potrebbero essere esplorate ulteriormente. L'applicazione della NVC nelle dinamiche familiari è un campo ricco che merita un'esplorazione approfondita, data la sua portata trasformativa e il suo potenziale per migliorare le relazioni e la qualità della vita per tutti i membri della famiglia.

In sintesi, l'integrazione della Comunicazione Nonviolenta (NVC) nelle relazioni e dinamiche familiari si propone come un vettore trasformazionale di straordinaria portata. La famiglia, essendo il primo nucleo sociale e il terreno in cui si sviluppano le prime e più fondamentali relazioni interpersonali, offre un contesto cruciale per l'applicazione e la pratica della NVC. In ogni aspetto delle relazioni parentali e familiari, che si tratti di navigare attraverso le sfide della genitorialità, gestire i conflitti tra fratelli, mantenere armoniose le relazioni di coppia, o facilitare comunicazioni e interazioni tra generazioni diverse, la NVC fornisce un quadro e degli strumenti indispensabili.

Concludendo, l'applicazione della NVC all'interno delle dinamiche familiari include:

- **Promuovere l'Ascolto Empatico:** Creare spazi dove ciascun membro della famiglia si senta veramente ascoltato e compreso, stabilendo un clima di rispetto e considerazione reciproca.

- **Espressione Autentica dei Sentimenti e dei Bisogni:** Fornire a tutti, adulti e bambini, il linguaggio e la sicurezza per esprimere liberamente sentimenti e bisogni senza timore di giudizio o represse.

- **Gestione dei Conflitti:** Utilizzare il conflitto come opportunità di crescita e comprensione reciproca, risolvendoli attraverso l'esplorazione dei bisogni sottostanti e trovando soluzioni che siano reciprocamente soddisfacenti.

- **Coesione e Supporto:** Stabilire un ambiente familiare in cui il sostegno reciproco, la cura e la cooperazione sono valori fondamentali e pratiche quotidiane.

- **Educazione Emotiva:** Creare un ambiente in cui l'educazione emotiva è valorizzata e in cui sia adulti che bambini hanno la possibilità di sviluppare la loro intelligenza emotiva e le loro competenze sociali.

- **Apprezzamento e Valorizzazione:**
Costantemente esprimere apprezzamento e riconoscimento per gli sforzi, contributi e qualità di ogni membro della famiglia, rafforzando i legami e la stima reciproca.
Nel campo fertile delle relazioni familiari, la NVC si presenta non solo come una metodologia di comunicazione, ma come una filosofia relazionale che può permeare ogni interazione, dal quotidiano al conflittuale, conferendo profondità, autenticità e connessione alle relazioni. La NVC si immerge così nelle radici del tessuto familiare, nutrendo una cultura di empatia, considerazione e cooperazione.
All'interno di una famiglia che pratica la NVC, i conflitti possono essere visti come opportunità per approfondire la comprensione reciproca, la cooperazione è preferita alla competizione, e ogni individuo, indipendentemente dall'età, è valorizzato per il suo contributo unico al nucleo familiare. La trasformazione potenziale offerta dall'applicazione della NVC in questo ambito è di vasta portata, influenzando non solo le relazioni interne alla famiglia ma estendendosi alle relazioni e comunità esterne, creando un impatto positivo a onde.
Nel tessuto delle relazioni familiari, ogni singola fibra, intrecciata con empatia, autenticità e amore, contribuisce a creare un insieme robusto

e resiliente, capace di sostenere i suoi membri attraverso le sfide della vita e celebrare insieme i momenti di gioia. Ogni conversazione, ogni scambio, diventa così un tassello nel costruire un mosaico di relazioni sane, sostenibili e arricchenti, creando un legato di amore e rispetto che può essere trasmesso attraverso le generazioni.

14. NVC e la Comunità: Esplorare l'utilizzo della NVC a livello comunitario e in contesti sociali più ampi.

La Comunicazione Nonviolenta (NVC) trova un'ampia applicabilità non solo nelle relazioni interpersonali o familiari ma anche in ambito comunitario e sociale, fungendo da catalizzatore per l'armonizzazione delle relazioni, la risoluzione di conflitti e la creazione di un tessuto sociale empatico e solidale.

**Contesto Comunitario**

In un contesto comunitario, la NVC offre strumenti per comprendere e mediare le diversità e per gestire eventuali tensioni o conflitti che possano emergere. La pratica di ascolto empatico, l'espressione autentica dei bisogni e la collaborazione per trovare strategie che rispondano ai bisogni di tutti, rappresentano

fondamenta su cui costruire una comunità
resiliente e cooperativa.

- **Costruzione della Pace:** La NVC può essere
  applicata per risolvere i conflitti a vari livelli
  all'interno della comunità, favorendo un clima di
  pace e collaborazione.
- **Governance Partecipativa:** La NVC facilita
  processi decisionali inclusivi e partecipativi,
  garantendo che le voci e i bisogni di tutti i
  membri della comunità siano ascoltati e
  considerati.
- **Progetti Comuni:** Per progetti comunitari e
  iniziative collettive, la NVC può assistere nella
  formulazione chiara di obiettivi e strategie,
  nonché nella risoluzione di eventuali disaccordi o
  ostacoli che emergono lungo il percorso.

**Ambito Sociale e Culturale**

Estendendo il campo d'applicazione al tessuto
sociale e culturale più ampio, la NVC offre una
metodologia efficace per navigare attraverso la
complessità delle relazioni sociali e delle sfide
culturali.

- **Inclusione e Diversità:** La NVC supporta
  l'inclusione e la celebrazione della diversità,
  promuovendo un dialogo costruttivo tra
  differenti culture, etnie, e gruppi sociali,
  facilitando la comprensione e la collaborazione
  mutua.

- **Movimenti Sociali:** Movimenti per i diritti civili, l'ambiente, o altre cause sociali possono integrare la NVC per assicurare che la comunicazione all'interno del movimento e verso l'esterno sia chiara, coerente e nonviolenta.
- **Educazione:** Nell'ambito educativo, la NVC può essere utilizzata per creare ambienti di apprendimento empatici e sostenitivi, dove gli studenti siano incoraggiati ad esprimersi e i conflitti possano essere gestiti in modo costruttivo.

L'utilizzo della NVC in ambito comunitario e sociale incoraggia la creazione di relazioni basate sull'empatia e la comprensione reciproca, stimolando la collaborazione e la coesione. In tale contesto, la NVC non solo funge da metodologia comunicativa ma si erige come filosofia sociale, un modo di vivere e costruire relazioni e comunità ispirato dai valori di rispetto, cura e cooperazione.

Nei contesti sia piccoli che ampi, dalla micro-comunità al movimento sociale, la NVC può giocare un ruolo vitale nell'intrecciare relazioni positive, risolvere o prevenire conflitti e costruire una fondamenta solida per una convivenza pacifica e cooperativa, nella quale i bisogni di tutti siano riconosciuti e valorizzati. La sua applicazione può quindi trasformare le comunità e la società in luoghi dove ogni individuo è visto, ascoltato e apprezzato, e dove la collaborazione prospera su un terreno di rispetto e comprensione reciproca.

Continuando a esplorare l'ampio dominio di applicazione della Comunicazione Nonviolenta (NVC) nelle comunità e in contesti sociali più ampi, è evidente che questa pratica non si limita solo a un dialogo interpersonale ma diventa uno strumento fondamentale per la costruzione collettiva e l'integrazione sociale.

## Creare Spazi Sicuri

La NVC facilita la creazione di spazi sicuri, dove gli individui si sentono liberi di esprimere se stessi senza timore di giudizio o represaglia. All'interno di comunità o gruppi, questi spazi permettono di esplorare temi delicati, confrontarsi su questioni difficili e promuovere un ambiente dove il rispetto e l'ascolto sono prioritari. Nei movimenti sociali, per esempio, spazi sicuri sono indispensabili per costruire solidarietà e per pianificare azioni in modo che siano allineate con i bisogni e i valori del gruppo.

## Intervento nei Conflitti

La NVC è un valido strumento di intervento nei conflitti comunitari, in quanto promuove l'esplorazione delle cause profonde del disagio e lavora verso soluzioni che rispecchiano i bisogni di tutte le parti coinvolte. Questa applicazione si estende a conflitti di varia natura, sia che essi siano di origine sociale, economica o culturale, e offre un percorso attraverso il quale le parti coinvolte possono trovare una via di mezzo, stabilire compromessi e co-creare soluzioni.

## Coinvolgimento Giovanile

In termini di coinvolgimento giovanile, la NVC può essere un fondamentale strumento di empowerment, offrendo ai giovani un linguaggio e un approccio per esprimere i propri bisogni, per ascoltare gli altri e per contribuire attivamente alla vita della comunità. In contesti educativi e ricreativi, l'adozione della NVC può incoraggiare i giovani a sviluppare un senso di responsabilità, di appartenenza e di competenza nel navigare attraverso le loro relazioni e nel contribuire al benessere collettivo.

## Sostegno alla Leadership

Inoltre, la NVC può offrire un sostegno significativo per le figure di leadership all'interno delle comunità. I leader che adottano principi e pratiche della NVC possono gestire le dinamiche di gruppo in modo più efficace, ascoltando e valutando i bisogni dei membri della comunità e guidando il gruppo verso obiettivi condivisi in modo empatico e inclusivo.

**Reti di Sostegno**

La NVC può anche contribuire alla creazione di reti di sostegno, in cui gli individui si uniscono per offrire e ricevere assistenza in vari modi, che possono includere supporto emotivo, aiuto pratico o collaborazione per raggiungere obiettivi comuni. All'interno di queste reti, la pratica della NVC può facilitare interazioni autentiche, supporto reciproco e la co-creazione di risorse e soluzioni che beneficiino l'intera comunità.

**Promozione dell'Equità**

L'equità è un altro tema cruciale in cui la NVC può giocare un ruolo determinante, poiché le pratiche e i principi della NVC sostengono un dialogo aperto e onesto su temi quali privilegio, accessibilità e giustizia. Facilita la discussione e l'azione verso soluzioni che affrontano le disuguaglianze e promuovono l'equità all'interno delle comunità e delle società.

Tutti questi aspetti indicano che l'applicazione della NVC in un contesto comunitario e sociale può favorire la creazione di relazioni più sane, la risoluzione cooperativa dei conflitti e la co-creazione di soluzioni e strategie che rispondano ai bisogni della comunità nel suo insieme. La versatilità e la profondità della NVC la rendono uno strumento inestimabile per promuovere il

benessere, la coesione e la cooperazione in una
varietà di contesti e per navigare attraverso le
sfide e le opportunità che emergono nei vari
ambiti della vita comunitaria e sociale.

## Promozione della Pace Comunitaria

La Comunicazione Nonviolenta (NVC) emerge
come una solida piattaforma per la promozione
della pace all'interno delle comunità. Questo
viene operativizzato non solo attraverso la
mediazione dei conflitti ma anche sviluppando
un linguaggio comune che facilita la
comprensione e la cooperazione. La pace, in
questo contesto, non è solo l'assenza di conflitto
ma la presenza attiva di giustizia e cooperazione.
La NVC fornisce gli strumenti per negoziare le
differenze e creare soluzioni condivise che
rispettano i bisogni e i diritti di tutti gli individui
coinvolti.

## Sviluppo Sostenibile

In ambito di sviluppo sostenibile, la NVC può
fungere da collante tra le diverse entità e
interessi della comunità. Riconoscendo e
legittimando i bisogni individuali e collettivi, la
pratica della NVC può facilitare la pianificazione
e l'implementazione di progetti che siano
sostenibili e che ottengano un ampio sostegno da
parte della comunità. Ciò include discutere e
navigare attraverso questioni relative all'uso delle

risorse, allo sviluppo economico e alla tutela
ambientale in modo che siano in linea con i valori
e i bisogni della comunità.

## Cultura dell'Inclusività

Promuovere una cultura dell'inclusività è un altro
ambito in cui la NVC mostra il suo valore.
Creando spazi dove la diversità è riconosciuta e
valorizzata, la NVC può facilitare la creazione di
comunità in cui ogni membro si senta visto,
ascoltato e apprezzato. Questo può includere il
lavoro attivo sulla rimozione di barriere fisiche e
sociali e l'abilitazione di meccanismi che
permettano una partecipazione equa e completa
da parte di tutti i membri della comunità.

## Politiche Pubbliche e Advocacy

L'applicazione della NVC si estende anche nel
dominio delle politiche pubbliche e dell'advocacy.
Coloro che sono coinvolti nell'elaborazione e
nell'implementazione di politiche possono
utilizzare la NVC per ascoltare meglio le
comunità che servono, comprendere le
complessità e le sfide che affrontano e creare
soluzioni che siano veramente riflettenti dei loro
bisogni e aspirazioni. Nel contempo, gli attivisti e
gli advocate possono utilizzare la NVC per
esprimere le loro richieste e preoccupazioni in
modo che siano udite e accolte, facilitando il
dialogo costruttivo con i decisori politici e la
società civile.

## Educazione Comunitaria e Formazione Continua

Il ruolo della NVC nell'educazione comunitaria e nella formazione continua è di vitale importanza. Facilitare workshops e programmi formativi che utilizzano la NVC come struttura portante, può elevare la consapevolezza collettiva e la competenza nell'utilizzo di questo metodo di comunicazione. Questo, a sua volta, può contribuire a generare un impatto a spirale, dove le abilità di NVC vengono continuamente trasmesse e praticate all'interno della comunità, rafforzando un ambiente basato sull'empatia e sulla comprensione reciproca.

## NVC e Salute Comunitaria

La salute della comunità, intesa sia in senso fisico che psico-sociale, può essere anch'essa sostenuta attraverso l'adozione della NVC. Facilitando il dialogo attorno alle questioni di salute e benessere, la NVC può aiutare le comunità a navigare attraverso sfide quali la prevenzione delle malattie, la promozione della salute mentale, e la creazione di reti di supporto. Ciò può anche coinvolgere il dialogo con professionisti del settore sanitario in modo che i servizi e le risorse siano conformi e rispondenti ai bisogni effettivi della comunità.

Ciascuno di questi aspetti illumina le molteplici direzioni attraverso le quali la Comunicazione

Nonviolenta può essere tesa e intrecciata nel tessuto delle comunità e della società. Con una tale ampiezza di applicazione, la NVC non solo diventa uno strumento per la risoluzione dei conflitti, ma un approccio complessivo per l'edificazione di società resilienti, inclusive e sostenibili.

Concludendo, l'applicazione della Comunicazione Nonviolenta (NVC) a livello comunitario assume un ruolo critico nel plasmare una società che incoraggia la comprensione, la connessione e la cooperazione tra i suoi membri. Ogni segmento sopracitato - dalla promozione della pace, allo sviluppo sostenibile, alla cultura dell'inclusività, alla politica, all'educazione, e alla salute comunitaria - rappresenta un fondamentale punto di intervento per la NVC, dimostrando come questa pratica si estenda ben oltre la dimensione individuale e permei le strutture sociali e organizzative più ampie.

- **Nel contesto della Pace**: La NVC può diventare un canale attraverso il quale le comunità imparano a gestire i conflitti e a costruire consapevolmente la pace, affrontando non solo le manifestazioni esteriori del disaccordo ma anche esplorando e rispettando i bisogni e le emozioni sottostanti.

- **Nello Sviluppo Sostenibile**: La NVC serve a costruire ponti tra diversi interessi e stakeholder, facilitando dialoghi e decisioni che tengano conto dei bisogni di tutte le parti e che puntino verso soluzioni equilibrate e durature.
- **In una Cultura dell'Inclusività**: L'adozione della NVC può guidare comunità verso un accoglimento autentico della diversità, garantendo che ogni voce sia ascoltata e che ogni bisogno sia preso in considerazione nel processo decisionale.
- **Nelle Politiche Pubbliche**: La NVC può elevare la qualità del dialogo politico, rendendolo più empatico, costruttivo e focalizzato su soluzioni che siano al servizio del benessere collettivo.
- **Nell'Educazione e Formazione**: Creando programmi che integrano la NVC, le comunità possono istruire i propri membri non solo nelle competenze tecniche, ma anche nelle abilità relazionali e comunicative che potenziano il loro contributo allo sviluppo comunitario.
- **Nella Salute Comunitaria**: L'uso della NVC può incoraggiare la discussione e la cooperazione nei contesti di salute, assicurando che gli approcci e le risorse in questo settore siano veramente rispondenti ai bisogni dei membri della comunità.

Riflettendo sull'ampio spettro di applicazioni della NVC nel contesto comunitario, è fondamentale sottolineare come ciascun settore possa trarre beneficio dall'integrazione di questo approccio comunicativo. A tale proposito, è importante che gli individui, gli educatori, i leader e i membri della comunità siano esposti ed educati a queste pratiche, in modo da costruire insieme una base solida per una convivenza armoniosa e produttiva.

L'impatto a lungo termine della NVC nelle comunità, quindi, si articola non solo nel modo in cui i conflitti vengono risolti, ma anche nel come le relazioni vengono costruite, mantenute e sviluppate. L'implementazione della NVC, pertanto, va vista non come un intervento unico o isolato, ma come un processo continuo e evolutivo che permea diversi aspetti della vita comunitaria, contribuendo a plasmare una società più consapevole, empatica e solidale. E, in quest'ottica, la NVC diventa un pilastro nel sostegno di comunità che, anche nelle sfide, trovano modi per connettersi, cooperare e co-creare un futuro comune e prospero.

15. Ostacoli e Sfide: Analizzare gli ostacoli comuni all'applicazione della NVC e fornire suggerimenti su come superarli.

All'interno dell'implementazione e della pratica della Comunicazione Nonviolenta (NVC), diversi ostacoli possono sorgere, spesso derivanti da abitudini comunicative radicate, resistenze culturali, e sfide intrapersonali e interpersonali. Queste barriere, benché rappresentino delle sfide significative, possono essere affrontate e superate con strategie adeguate e un impegno consapevole verso lo sviluppo delle competenze di NVC.

**Abilità Comunicative Inconsapevoli**: Molte persone hanno sviluppato modelli comunicativi che non sono allineati con i principi della NVC. Abitudini come l'uso di un linguaggio giudicante, l'assumere una posizione difensiva, o la tendenza a non ascoltare pienamente, sono comuni e possono ostacolare l'adozione della NVC. E' essenziale riconoscere e smantellare attivamente queste abitudini attraverso la pratica costante e consapevole della NVC, focalizzandosi su ascolto empatico, espressione autentica dei propri sentimenti e bisogni, e l'evitare di utilizzare un linguaggio che possa essere percepito come attaccante o giudicante.

**Resistenze Culturali e Sociali**: In certe culture o contesti sociali, l'espressione aperta dei propri sentimenti e bisogni può essere vista con sospetto o persino come segno di debolezza. Inoltre, alcune società privilegiano l'indipendenza e l'auto-sufficienza, e possono essere meno inclini ad accogliere un approccio che enfatizza la vulnerabilità e l'interdipendenza. Lavorare con e all'interno di queste resistenze richiede un delicato equilibrio tra il rispettare le norme culturali e introdurre nuovi modelli di interazione.

**Difficoltà nella Pratica Regolare**: La NVC, essendo una competenza, richiede pratica regolare per essere internalizzata e applicata efficacemente. La mancanza di pratica costante o l'inconsistenza nell'utilizzo dei principi della NVC può creare ostacoli nell'applicazione fluida di questa durante le interazioni quotidiane. Creare spazi e momenti dedicati per la pratica, sia attraverso la riflessione individuale che attraverso gruppi di pratica, può sostenere l'integrazione della NVC nella vita quotidiana.

**Contrastare il Cinismo e la Scetticità**: A volte, la NVC può essere percepita con scetticismo, specialmente da coloro che la vedono come un approccio "troppo morbido" o idealistico. In questi casi, dimostrare con esempi concreti e casi di studio come la NVC possa portare a soluzioni tangibile, può essere un modo per superare le resistenze e mostrare la validità e l'efficacia dell'approccio.

**Gestione dei Conflitti**: Mentre la NVC offre strumenti potentissimi per la gestione dei conflitti, la sua applicazione pratica durante i momenti di tensione può essere sfidante. La pressione emotiva dei conflitti può far regredire le persone ai loro modelli comunicativi abituali. Qui, l'applicazione della NVC nei momenti di non conflitto e il suo utilizzo nella risoluzione di piccole divergenze può aiutare a costruire la resilienza e le competenze necessarie per applicarla anche nei momenti più difficili.

**Navigare attraverso le Differenze**: L'utilizzo della NVC in contesti multiculturali o in situazioni in cui vi sono significative differenze di potere o status richiede una navigazione attenta, con una considerazione delle dinamiche socio-culturali e delle sensibilità.

Tutti questi ostacoli richiedono un attento esame, e ciascuno di essi offre l'opportunità di approfondire la comprensione e la pratica della NVC. Attraverso l'esplorazione attenta delle sfide e l'elaborazione di strategie adattative, la NVC può essere efficacemente integrata in diversi contesti e utilizzata per migliorare la qualità delle interazioni e delle relazioni in molteplici ambiti della vita sociale ed individuale.

L'investigazione degli ostacoli e delle sfide che emergono nell'applicazione della NVC si può espandere ulteriormente esaminando diversi aspetti e sfumature che intercorrono nelle complesse dinamiche umane e nelle strutture sociali. In questo contesto, si possono esplorare vari angoli e spunti riflessivi che arricchiscono la comprensione delle sfide e offrono nuove prospettive per la navigazione attraverso gli ostacoli nell'applicazione della NVC.

**Integrazione con Altri Metodi Comunicativi**: Pur essendo un metodo potente di comunicazione, la NVC non esiste in un vuoto e l'integrazione con altre metodologie e strategie comunicative può talvolta rappresentare una sfida. Ogni modello comunicativo ha il proprio linguaggio, i propri principi e le proprie tecniche, e l'armonizzazione della NVC con altri metodi potrebbe necessitare di un adeguamento e una sintesi che preservi l'essenza e l'efficacia di ciascun approccio.

**Rispetto delle Varie Personalità**: La diversità delle personalità e degli stili comunicativi all'interno di un gruppo o di una comunità può generare sfide nella standardizzazione dell'uso della NVC. Ogni individuo porta con sé preferenze, resistenze, e predisposizioni che influenzano il modo in cui accoglie e applica la NVC. Questo rende cruciale un approccio flessibile e adattivo, che possa onorare le varie personalità mantenendo al contempo l'integrità del metodo.

**Situazioni di Alta Tensione Emotiva**: Quando le emozioni sono accese e le posta in gioco è alta, mantenere i principi della NVC può diventare particolarmente arduo. In queste circostanze, il bisogno di autenticità e connessione - pilastri della NVC - possono entrare in conflitto con le difese emozionali, la rabbia, la paura o il dolore. Questa dicotomia può richiedere l'applicazione di tecniche avanzate di regolazione emotiva e presenza conscia per mantenere un impegno autentico nei confronti della NVC.

**Gli Ostacoli Strutturali e Sistematici**: In certi contesti, gli ostacoli all'implementazione della NVC possono essere radicati nelle strutture e nei sistemi preesistenti, che potrebbero essere intrinsecamente non allineati con i principi di comunicazione nonviolenta. Qui, la sfida diventa duplice: applicare la NVC a livello individuale e interpersonale, e contemporaneamente navigare, e possibilmente influenzare, sistemi che potrebbero non sostenere, o addirittura contrastare, un dialogo aperto e cooperativo.

**Il Fattore Tempo**: La NVC è un processo che richiede tempo, sia in termini di sviluppo delle competenze individuali che nel contesto delle conversazioni e delle negoziazioni. In un mondo che spesso enfatizza la velocità e l'efficienza, dedicare il tempo necessario per praticare autentica empatia e costruzione del dialogo può essere percepito come un lusso o come un investimento non sostenibile. Ciò pone la questione su come equilibrare l'esigenza di risposte tempestive con l'impegno per una comunicazione profonda e significativa.

**Mantenere la Coerenza**: Infine, mantenere la coerenza nell'applicazione dei principi della NVC può essere una sfida duratura. A volte, in situazioni particolari, può essere tentante ritornare a modalità comunicative più dirette e meno empatiche, specialmente quando si è sotto pressione o si percepisce un'urgente necessità di agire.

Tutte queste sfide e ostacoli si intrecciano in un tessuto complesso di interazioni umane e dinamiche sociali, offrendo un campo ricco e profondo per esplorare, imparare e crescere nella pratica della NVC. Ogni sfida rappresenta un'opportunità di apprendimento e di sviluppo, un'occasione per approfondire l'applicazione e la comprensione della NVC, e per esplorare nuovi modi in cui questo approccio potente e trasformativo può essere portato avanti in varie sfere della vita e della società.

Nell'analisi delle sfide nell'applicazione della Comunicazione Nonviolenta (NVC), altre considerazioni si manifestano sotto forma di resistenze culturali, sfide etiche e dinamiche di potere, tutte interconnesse nel modo in cui le persone percepiscono e implementano la NVC nei diversi ambiti della loro vita e delle loro comunità.

**Resistenze Culturali e Sociali**: A seconda del contesto culturale e sociale, la NVC può essere incontrata con resistenze varie. In alcune culture, per esempio, l'espressione diretta delle proprie esigenze e sentimenti può essere vista come un segno di debolezza o come un tabù. Allo stesso modo, alcune strutture sociali promuovono modelli comunicativi più aggressivi o competitivi, rendendo l'integrazione dei principi di NVC una sfida che va oltre il singolo individuo, e investendo la cultura del gruppo o dell'organizzazione nel suo insieme.

**Dinamiche di Potere e Autorità**: Le dinamiche di potere e autorità presentano ostacoli significativi nell'applicare la NVC, in quanto i principi di parità e cooperazione sono fondamentali per questo metodo comunicativo.

In situazioni dove il potere è fortemente squilibrato, e la comunicazione autentica e onorante potrebbe non essere reciproca, applicare la NVC in modo efficace può richiedere un ulteriore livello di competenza e consapevolezza.

**Problemi di Autenticità**: A volte, il bisogno di appartenenza e accettazione può minacciare l'autenticità, uno dei cardini della NVC. Individui potrebbero trovare difficile mantenere l'autenticità nella comunicazione, specialmente quando percepiscono che l'espressione delle proprie verità interiori potrebbe portare a conflitti, rifiuto o emarginazione. La sfida qui sta nel mantenere l'integrità personale mentre si naviga in modo costruttivo attraverso le relazioni e le comunità.

**Tecnicismo vs Empatia**: Un'altra sfida può essere quella di non cadere nel tranello di utilizzare la NVC come una formula o un set di regole rigide, perdendo di vista l'essenza empatica e connessiva che sta alla base della metodologia. Mantenere un cuore aperto e una presenza autenticamente connessiva mentre si utilizza la NVC è fondamentale per prevenire che diventi un meccanismo sterile e disconnesso.

**Esigenze Contrapposte**: Nella pratica della NVC, gestire situazioni in cui le esigenze sono fortemente contrapposte o apparentemente inconciliabili rappresenta una sfida cruciale. Navigare attraverso tali situazioni richiede una profondità di comprensione e un'abilità nell'identificare strategie che onorino le esigenze di tutte le parti coinvolte quanto possibile.

**Aspettative e Delusioni**: La gestione delle aspettative e delle delusioni, sia interne che esterne, può essere una sfida. Attingendo dai principi della NVC per navigare attraverso le proprie delusioni e quelle degli altri, e mantenendo una comunicazione chiara e nonviolenta anche quando si naviga attraverso il terreno scivoloso delle aspettative non soddisfatte, si rivela essenziale.

**Limiti Personali**: Riconoscere e onorare i propri limiti mentre si pratica la NVC è anche cruciale. Questo comprende la consapevolezza di quando e come fare un passo indietro, proteggere le proprie risorse emotive e stabilire confini sani, anche mentre ci si sforza di rimanere aperti e empatici nei confronti degli altri.

**Formazione e Sviluppo**: L'accessibilità e l'efficacia della formazione in NVC sono aspetti fondamentali. La facilità con cui le persone possono accedere a risorse di alta qualità, a supporto e a comunità di pratica influenzerà notevolmente la capacità di superare gli ostacoli nell'applicazione della NVC.

Ogni sfida porta con sé semi di crescita e opportunità per l'approfondimento. La capacità di navigare attraverso queste sfide, mantenendo l'integrità e l'essenza della NVC, non solo arricchisce la pratica individuale ma anche contribuisce allo sviluppo collettivo della comunità di NVC nel suo insieme, fornendo preziosi spunti, esperienze e apprendimenti che possono essere condivisi e utilizzati per potenziare e arricchire ulteriormente la pratica e l'applicazione della Comunicazione Nonviolenta a livello globale.

Una sfida potente nell'applicazione della Comunicazione Nonviolenta (NVC) riguarda il **Rischio di Appropriazione e Manipolazione**. La NVC, pur essendo fondata su principi di connessione e comprensione, può essere sfruttata in modo non etico per manipolare gli altri. Ad esempio, individui potrebbero utilizzare le tecniche apprese per formulare richieste che sembrano non violente in superficie, ma che nascondono intenzioni manipolative o coercitive. Questa sfida solleva la necessità di riflettere eticamente su come e perché si utilizza la NVC e necessita di un continuo ritorno alla radice dei principi etici della pratica.

**Mancanza di Strutture di Supporto**: Anche l'assenza di strutture o di comunità che supportino la pratica della NVC può emergere come un ostacolo significativo. Gli individui, seppur motivati, possono trovarsi isolati nei loro tentativi di praticare la NVC in ambienti che non la sostengono o la comprendono. Creare o ricercare gruppi di pratica e comunità, sia online che offline, che condividano valori e pratiche di NVC, può essere fondamentale per sostenere e nutrire la propria pratica. Questi spazi diventano ancor più vitali quando si navigano attraverso conflitti o sfide emotive, fornendo un contenitore sicuro per l'esplorazione, la pratica e l'apprendimento continuo.

Un altro ostacolo potrebbe essere l'**Incertezza e la Vulnerabilità**: praticare la NVC richiede una significativa dose di apertura e vulnerabilità. Esprimere autenticamente i propri sentimenti ed esigenze e rimanere aperti ad ascoltare quelli degli altri senza giudizio può essere una pratica impegnativa, specialmente in contesti in cui si potrebbe temere di essere fraintesi, giudicati o respinti.

Incorporare la NVC nella **Pratica Professionale** può presentare sfide uniche, specialmente in ambienti di lavoro dove regnano dinamiche competitive, e dove i principi di empatia e cooperazione potrebbero essere visti con scetticismo o resistenza. L'integrazione della NVC in tali contesti richiede non solo l'abilità nel praticare personalmente i principi, ma anche la competenza nel modellare e facilitare queste pratiche in modo che si adattino in modo organico e autentico all'ambiente e alla cultura esistenti.

**Differenze Culturali e Linguistiche**: Quando la NVC viene portata attraverso varie culture e contesti linguistici, è importante prestare attenzione alla traduzione non solo del linguaggio ma anche dei concetti e delle pratiche in modo che siano rispettosi e congruenti con le culture locali. Comprendere le sfumature di come la connessione, l'empatia e l'espressione nonviolenta sono vissute e espresse in diverse culture è cruciale per promuovere una pratica della NVC che sia inclusiva, rispettosa e autenticamente connessiva.

**Rispettare i Ritmi Individuali**: Riconoscere e onorare i propri tempi e quelli altrui nel praticare e integrare la NVC è fondamentale. Ogni persona avrà un percorso unico e dei tempi propri nel comprendere, assimilare e praticare la NVC. Accogliere con gentilezza e pazienza il proprio percorso e quello degli altri, riconoscendo che ci possono essere momenti di lotta e resistenza, è un aspetto centrale nel mantenere l'integrità della pratica.

**L'Equilibrio tra Fermezza e Gentilezza**:
Trovare l'equilibrio giusto tra mantenere la
propria autenticità e integrità e al tempo stesso
rimanere flessibili e disponibili ad ascoltare e
connettersi con gli altri, è una sfida continua.
Come mantenere fermezza nelle proprie esigenze
e valori pur mantenendo una postura di apertura
e curiosità? Questa danza delicata e dinamica è
un terreno fertile per l'esplorazione e
l'apprendimento all'interno della pratica della
NVC.
Ciascuno di questi punti ha radici profonde e
offre terreno per esplorazioni ulteriori e più
dettagliate, creando così un tessuto ricco e
complesso di considerazioni che i praticanti di
NVC possono navigare nel loro percorso di
apprendimento e pratica.

Per concludere la discussione sugli ostacoli e le
sfide della pratica della Comunicazione
Nonviolenta (NVC), esaminiamo come i principi
fondamentali della NVC stessa possano fungere
da soluzioni agli stessi problemi che mira a
mitigare.
Innanzitutto, il **rischio di manipolazione** che
può emergere dall'uso non etico della NVC può
essere attivamente contrariato attraverso
l'ancoraggio profondo nella consapevolezza e
nell'integrità personale. Chi pratica la NVC può

impegnarsi attivamente in un processo continuo di auto-riflessione e integrità etica, garantendo che le competenze acquisite siano utilizzate per promuovere connessione, comprensione e risoluzione costruttiva dei conflitti. In contesti educativi o formativi, i facilitatori possono incorporare attivamente esplorazioni etiche e discussioni aperte riguardo al potenziale abuso delle competenze comunicative, incoraggiando una cultura di responsabilità e consapevolezza. Quando si tratta della **mancanza di strutture di supporto**, la creazione di spazi sicuri e di gruppi di pratica emerge come una soluzione vitale. Qui, gli individui possono condividere sfide, celebrare successi e navigare insieme nel complesso paesaggio delle relazioni umane con l'appoggio e la saggezza collettiva della comunità. In assenza di tali strutture, le tecnologie digitali possono offrire un'alternativa, facilitando gruppi di pratica online, corsi e forum dove gli interessati possono condividere e apprendere insieme in modo virtuale.

**L'incertezza e la vulnerabilità** possono essere navigate con compassione e autocompatimento, riconoscendo che ogni passo verso una comunicazione più autentica e connettiva è un successo in sé. Integrando pratiche di mindfulness e consapevolezza corporea, gli individui possono sviluppare una presenza centrata e una resilienza emotiva che sostengono l'apertura e la vulnerabilità, anche quando è difficile.

In relazione alle **differenze culturali e linguistiche**, un'approfondita esplorazione e comprensione dei contesti culturali specifici, e magari la collaborazione con mediatori culturali e linguistici, può garantire che i principi della NVC siano trasmessi in modo rispettoso e risonante con le esperienze vissute delle persone nei loro contesti culturali specifici. Qui, l'umiltà e la disponibilità ad apprendere da errori e feedback giocano un ruolo fondamentale nel formare una pratica della NVC che sia veramente inclusiva e interculturale.

L'**equilibrio tra fermezza e gentilezza**, così come il rispetto dei **ritmi individuali**, ci ricorda che la NVC non è una formula rigida, ma piuttosto un processo fluido e dinamico che si adatta alle esigenze uniche e mutevoli degli individui e delle situazioni. Qui, la pratica della NVC diventa un'arte – l'arte di connettersi autenticamente con sé stessi e con gli altri in un flusso che onora la complessità e la bellezza delle relazioni umane.

Attraverso l'attento esame e la pratica attenta di questi principi, la NVC può prosperare come un approccio comunicativo che non solo supera i suoi ostacoli intrinseci ma li utilizza anche come terreno fertile per una comprensione e connessione umana più profonde. E attraverso questa pratica, ogni sfida diventa una porta attraverso la quale approfondire ulteriormente la capacità di ascoltare, comprendere e connettersi attraverso il cuore della comune umanità.

16. Risorse e Approfondimenti: Elencare risorse aggiuntive, libri, corsi, e siti web per chi desidera approfondire la NVC.

Esplorare ulteriormente la Comunicazione Nonviolenta (NVC) può arricchire la comprensione e la pratica di questa potente metodologia comunicativa. Esistono numerose risorse, come libri, corsi, workshop e piattaforme online che forniscono spunti, approfondimenti e comunità per chiunque sia interessato a immergersi più profondamente nella NVC.

**Libri**

1. **"Nonviolent Communication: A Language of Life"** di Marshall B. Rosenberg: Questo è il testo fondamentale per chiunque voglia comprendere a fondo la NVC.

2. **"Speak Peace in a World of Conflict"** di Marshall Rosenberg: Offre spunti su come utilizzare la NVC in contesti di conflitto globale.

3. **"The Surprising Purpose of Anger"** di Marshall Rosenberg: Esplora come la rabbia possa essere espressa attraverso la NVC.

4. **"NVC: A Language of Life"** di Lucy Leu: È una guida pratica che fornisce esercizi e approfondimenti sulla NVC.

**Corsi e Workshop**

5. **Centro per la Comunicazione Nonviolenta**: Offre corsi, workshop e materiale informativo su NVC.

6. **PuddleDancer Press**: È una risorsa centrale per libri, materiali e corsi in NVC.

7. **NVC Academy**: Offre una varietà di corsi online e risorse per apprendere la NVC.

**Organizzazioni e Comunità**

8. **The Center for Nonviolent Communication (CNVC)**: È l'organizzazione ufficiale che sostiene lo sviluppo e l'applicazione della NVC globalmente.

9. **NVC World**: Un hub globale che connette varie organizzazioni e risorse di NVC.

**Applicazioni e Strumenti Online**

10.      **NVC App**: Strumenti e risorse digitali che offrono supporto nella pratica quotidiana della NVC.

11. **NVC Quick Connect Card**: Una risorsa online che fornisce un pratico promemoria sul processo NVC.

**Podcast e Canali YouTube**

12. **"The Art of NVC" Podcast**: Esplora vari aspetti della NVC attraverso conversazioni e esempi pratici.

13. **NVC Youtube Channels**: Ci sono vari canali, come quello ufficiale della CNVC, che offrono video e webinar su vari aspetti della NVC.

**Forum e Gruppi**

14. **NVC Facebook Groups**: Vi sono numerosi gruppi su Facebook dove gli interessati alla NVC condividono risorse, esperienze e supporto.

15. **NVC Communities on Reddit**: Anche su Reddit si possono trovare comunità attive dove discutere e condividere esperienze relative alla NVC.

**Eventi e Conferenze**

16. **International Intensive Training (IIT)**: Questi sono eventi condotti da istruttori certificati CNVC e offrono una profonda immersione nella NVC.

17. **NVC Conventions**: Esistono diverse conferenze e raduni su scala locale, nazionale e

internazionale focalizzati sulla pratica e sulla disseminazione della NVC.

Queste risorse rappresentano soltanto un punto di partenza. In ogni paese e comunità, potrebbero esserci ulteriori libri, corsi, e risorse specifiche che adattano la NVC al contesto culturale e linguistico locale. Explorare una varietà di risorse, connettersi con diverse comunità, e immergersi in diverse forme di apprendimento può arricchire e approfondire la pratica e la comprensione della NVC in modi unici e personalizzati.

**Risorse Online Gratuite**: 18. **NVC Multimedia Library**: La CNVC offre una vasta raccolta di registrazioni audio e video di conferenze, workshop e conversazioni sulla NVC.

19. **NVCwiki**: Una risorsa collaborativa che raccoglie informazioni dettagliate sulla NVC, compresi articoli, esempi pratici e risorse aggiuntive.

20. **YouTube NVC Playlists**: Numerosi educatori e praticanti condividono video sulla NVC su YouTube, spaziando dalle introduzioni di base alle discussioni più avanzate.

21. **Blog e Articoli Online**: Esistono blog e siti web di praticanti di NVC che offrono prospettive personali, storie di successo e approfondimenti su come applicare la NVC in varie situazioni.

**Formazione Avanzata**: 22. **Certificazione di Facilitatore NVC**: Per coloro che desiderano diventare facilitatori certificati, esistono programmi di formazione approfonditi offerti da organizzazioni affiliate alla CNVC.

23. **Formazione Continua**: Dopo aver acquisito una solida base nella NVC, molte organizzazioni offrono programmi di formazione avanzata su argomenti come la mediazione, la leadership e la trasformazione dei conflitti.

**Approfondimenti Sulla Pratica**: 24. **Comunità di Pratica**: Un modo efficace per approfondire la NVC è unirsi a una comunità di pratica locale o online. Questi gruppi forniscono l'opportunità di praticare regolarmente la NVC con altri e condividere esperienze.

25. **Supervisione e Coaching NVC**: Per una crescita più personalizzata, è possibile cercare supervisori o coach certificati in NVC che offrono sessioni individuali o di gruppo per supportare la pratica e l'apprendimento.

**Approfondimenti Culturali**: 26. **Libri e Risorse Culturali**: In aggiunta ai classici testi sulla NVC, è possibile esplorare libri e risorse che applicano i principi della NVC a specifici contesti culturali, come la NVC nelle relazioni interculturali o la NVC in un contesto aziendale.

**Conferenze Internazionali**: 27. **Conferenze Regionali e Internazionali sulla NVC**:

Partecipare a conferenze NVC può offrire un'esperienza unica di apprendimento e condivisione, con sessioni di workshop, conferenze e opportunità di connessione con praticanti di tutto il mondo.

**Gruppi di Lettura e Discussione**: 28.
**Gruppi di Lettura NVC**: Molte comunità organizzano gruppi di lettura per esplorare e discutere libri e articoli sulla NVC in un contesto di gruppo.

**Risorse in altre Lingue**: 29. **Traduzioni e Risorse Multilingue**: La NVC è praticata in tutto il mondo, e ci sono risorse tradotte e adattate in molte lingue diverse. Verificare la disponibilità di risorse nella lingua di preferenza. Esplorare queste risorse, partecipare attivamente a workshop, gruppi di pratica, e approfondimenti avanzati, e connettersi con una comunità di praticanti può arricchire notevolmente la comprensione e la pratica della NVC. La NVC è un viaggio di apprendimento continuo, e le risorse disponibili riflettono la vastità e la profondità di questo approccio comunicativo.

In conclusione, l'apprendimento e l'approfondimento della Comunicazione Nonviolenta (NVC) sono processi ricchi e in continua evoluzione. Le risorse e gli approfondimenti elencati forniscono un'ampia gamma di strumenti per esplorare la NVC in modo approfondito e applicarla in vari contesti. Ecco alcune considerazioni finali:

1. **Diversità di Fonti**: La NVC è un campo ampio e multidisciplinare. Esplorare diverse fonti e risorse, compresi libri, corsi, comunità online e eventi dal vivo, offre una visione completa di questa metodologia.

2. **Pratica Continua**: La NVC è più di una teoria; è un'abilità pratica. La pratica costante è essenziale per padroneggiare l'arte della comunicazione nonviolenta. Partecipare a gruppi di pratica o lavorare con un coach o un facilitatore può migliorare notevolmente la propria abilità.

3. **Personalizzazione**: Ogni individuo avrà un percorso unico nell'apprendimento della NVC. È importante personalizzare la propria ricerca di risorse e approfondimenti in base alle proprie esigenze e agli obiettivi specifici.

4. **Comunità e Condivisione**: Partecipare a comunità di praticanti NVC può offrire un supporto inestimabile. Condividere esperienze, storie di successo e sfide con gli altri può arricchire la tua comprensione e ispirarti a praticare in modo più profondo.

5. **Sperimentazione**: La NVC è una metodologia flessibile. Sperimentare con i principi in situazioni della vita reale è un passo cruciale

nell'integrazione di questa pratica nella tua vita quotidiana.

6. **Applicazioni Diverse**: La NVC può essere applicata in vari contesti, tra cui relazioni personali, luoghi di lavoro, attivismo sociale e persino nella genitorialità. Esplora come puoi adattare la NVC ai tuoi contesti specifici. Infine, ricorda che il percorso di apprendimento della NVC è un viaggio di crescita personale e di connessione più profonda con gli altri. Non c'è un punto di arrivo definitivo, ma piuttosto una continua esplorazione delle possibilità di comunicazione autentica, empatia e connessione. Continua ad esplorare, a praticare e a condividere queste competenze per creare relazioni più sane, empatiche e connesse nella tua vita e nella tua comunità.

17. Integrazione con Altre Pratiche: Esaminare come la NVC possa essere integrata con altre pratiche di comunicazione e di sviluppo personale.

La Comunicazione Nonviolenta (NVC) può essere integrata in modo efficace con una serie di altre pratiche di comunicazione e di sviluppo personale. Questa integrazione può arricchire ulteriormente la tua comprensione delle dinamiche relazionali e migliorare la tua abilità

di comunicare in modo empatico e autentico.
Ecco alcune pratiche con cui la NVC si può
integrare:

1. **Mindfulness e Consapevolezza**: La NVC
   enfatizza la consapevolezza dei propri sentimenti
   e bisogni. Integrarla con la mindfulness può
   aiutarti a sviluppare una maggiore
   consapevolezza di te stesso e degli altri durante le
   interazioni quotidiane. La mindfulness può
   aiutarti a diventare più presente e centrato nel
   momento presente, migliorando la tua capacità
   di ascolto empatico.

2. **Ascolto Attivo**: L'ascolto attivo è una pratica
   comune nelle competenze di comunicazione. La
   NVC può arricchire questa pratica attraverso la
   sua enfasi sul riconoscimento dei sentimenti e
   dei bisogni. Ad esempio, puoi usare le
   competenze di ascolto attivo per riflettere i
   sentimenti e i bisogni delle persone in modo più
   preciso.

3. **Terapia e Counseling**: La NVC può essere un
   complemento efficace alla terapia e al counseling.
   Aiuta i terapeuti a comunicare in modo più
   empatico con i loro clienti, facilitando una
   maggiore comprensione e connessione. Può
   anche essere utilizzata direttamente con i clienti
   per aiutarli a esplorare i loro sentimenti e
   bisogni.

4. **Meditazione Compassionevole**: La meditazione compassione si concentra sulla coltivazione di sentimenti di compassione verso se stessi e gli altri. Questo si allinea bene con l'approccio di gentilezza e compassione della NVC. L'integrazione di entrambe le pratiche può portare a una maggiore auto-compassione e compassione verso gli altri.

5. **Leadership e Gestione del Conflitto**: La NVC è spesso utilizzata nelle competenze di leadership e gestione del conflitto. L'abilità di riconoscere e risolvere i conflitti in modo nonviolento è un aspetto chiave della NVC, che può essere applicato in contesti aziendali e organizzativi.

6. **Yoga e Pratiche Corporee**: Le pratiche corporee come lo yoga possono essere integrate con la NVC per sviluppare una maggiore consapevolezza del corpo e una connessione più profonda tra mente e corpo. Questo può contribuire a una maggiore consapevolezza dei tuoi sentimenti e bisogni.

7. **Comunicazione Interculturale**: Se sei coinvolto in situazioni di comunicazione interculturale, la NVC può essere un complemento prezioso. Aiuta a superare le barriere culturali attraverso l'attenzione ai bisogni umani universali e alla comprensione dei sentimenti.

8. **Teatro e Improvvisazione**: Le pratiche teatrali e di improvvisazione possono migliorare le tue abilità di comunicazione e di empatia. La NVC può arricchire queste pratiche, consentendoti di esplorare personaggi e situazioni con una comprensione più profonda dei sentimenti e dei bisogni.

   L'importante è riconoscere che la NVC può essere integrata in modo flessibile con altre pratiche, adattandosi alle tue esigenze e agli obiettivi specifici. Esperimenta con queste integrazioni per scoprire come possono arricchire la tua pratica personale e le tue relazioni. La chiave è mantenere un approccio aperto e sperimentale per trovare le sinergie tra la NVC e altre pratiche che ti ispirano.

9. **Comunicazione Empatica**: La NVC è spesso considerata come una forma di comunicazione empatica, ma può anche essere integrata con altre tecniche di comunicazione empatica, come il "dialogo centrato sulla persona" di Carl Rogers. Questo approccio enfatizza l'ascolto attento e l'accettazione incondizionata dell'altro, che si allinea bene con i principi della NVC.

10. **Mindset Growth**: La NVC promuove un mindset di crescita che incoraggia la flessibilità mentale, l'apprendimento continuo e la resilienza. Questo può essere integrato con le pratiche di sviluppo del mindset growth (crescita

della mentalità) per affrontare sfide e superare ostacoli in modo più efficace.

11. **PNL (Programmazione Neuro-Linguistica)**: La PNL è una disciplina che esplora come la mente e il linguaggio influenzino il nostro comportamento. Integrare la NVC con la PNL può aiutare a sviluppare una comunicazione più consapevole e a comprendere meglio come il linguaggio influenzi il nostro modo di pensare e sentire.

12. **Comunicazione Nonviolenta Interna**: La NVC può essere utilizzata per migliorare la comunicazione con te stesso. Questa forma di auto-riflessione e auto-empatia può essere integrata con pratiche di meditazione e auto-osservazione per sviluppare una migliore consapevolezza di sé e una gestione più efficace delle emozioni.

13. **Comunicazione di Coppia**: La NVC è ampiamente utilizzata nelle relazioni di coppia per migliorare la comunicazione e risolvere i conflitti. Può essere integrata con tecniche di terapia di coppia o counseling per migliorare la comprensione reciproca e la connessione emotiva.

14. **Comunicazione Sociale**: Se sei interessato alla comunicazione sociale o alla difesa dei diritti umani, la NVC può essere integrata con pratiche di attivismo e comunicazione sociale per

promuovere il cambiamento sociale positivo attraverso il dialogo empatico e il rispetto reciproco.

15. **Educazione**: La NVC è utilizzata in molte scuole e programmi educativi per insegnare agli studenti abilità di comunicazione empatica. Può essere integrata con approcci educativi basati sulla consapevolezza emotiva e sociale per promuovere l'apprendimento e la gestione delle emozioni.

16. **Salute Mentale**: Se stai affrontando sfide di salute mentale, la NVC può essere un complemento utile alla terapia e alle pratiche di gestione dello stress. L'auto-empatia e la comprensione dei bisogni possono contribuire a migliorare il benessere emotivo.

17. **Sostenibilità Ambientale**: La NVC può essere utilizzata per facilitare il dialogo su questioni ambientali e per promuovere la sostenibilità attraverso la comprensione dei bisogni di tutte le parti coinvolte, compreso l'ambiente.
Ricorda che l'integrazione di queste pratiche richiede pazienza e sperimentazione. Ogni individuo ha un percorso unico e può scoprire come la NVC si integra meglio con altre pratiche in base alle proprie esigenze e obiettivi personali. L'obiettivo principale è migliorare la tua abilità di comunicare in modo empatico, rispettoso e

autentico, sia con te stesso che con gli altri, in qualsiasi contesto tu scelga di applicarla.

18. **Comunicazione Interpersonale**: La NVC si concentra sulla comunicazione interpersonale autentica ed empatica. Può essere integrata con tecniche di comunicazione assertiva per aiutarti a esprimere i tuoi bisogni in modo chiaro e rispettoso senza infrangere i confini degli altri.

19. **Educazione Emotiva**: L'integrazione della NVC con l'educazione emotiva può aiutare a sviluppare una maggiore consapevolezza delle tue emozioni e delle emozioni degli altri. Questo può essere particolarmente utile in contesti educativi, familiari e terapeutici.

20. **Mindset della Gratitudine**: La pratica della gratitudine può essere integrata con la NVC per promuovere una prospettiva positiva e un approccio empatico alla vita. Riconoscere i bisogni soddisfatti e le connessioni positive può contribuire a una maggiore gratitudine.

21. **Comunicazione Politica e Civica**: La NVC può essere applicata alla comunicazione politica e civica per promuovere il dialogo costruttivo e il rispetto reciproco tra diverse prospettive. Questo può contribuire a un clima politico più inclusivo e civile.

22.     **Religione e Spiritualità**: Molti individui integrano la NVC con le loro pratiche religiose o spirituali per promuovere valori di compassione, empatia e nonviolenza nelle loro comunità di fede.

23.     **Comunicazione Organizzativa**: In contesti aziendali e organizzativi, la NVC può essere integrata nella comunicazione interna ed esterna per migliorare le relazioni tra colleghi, dipendenti e clienti. La gestione dei conflitti in modo nonviolento può contribuire a un ambiente lavorativo più armonioso.

24.     **Comunicazione Familiare**: La NVC è ampiamente utilizzata nella comunicazione familiare, compresa la genitorialità. Può essere integrata con approcci educativi come il Positive Parenting e il Discipline Positiva per promuovere una comunicazione più empatica tra genitori e figli.

25.     **Mediazione e Risoluzione dei Conflitti**: La NVC è un potente strumento per la mediazione e la risoluzione dei conflitti. Può essere integrata con tecniche di mediazione per facilitare il dialogo tra parti in conflitto e raggiungere soluzioni soddisfacenti per tutte le parti coinvolte.

26.     **Comunicazione Online**: Nell'era digitale, la NVC può essere applicata alla comunicazione online per promuovere il rispetto

e l'empatia nelle interazioni su piattaforme sociali, forum e chat.

27. **Counseling Familiare e Matrimoniale**: La NVC è utilizzata in terapia familiare e di coppia per migliorare la comunicazione e affrontare le sfide relazionali. Può essere integrata con tecniche di counseling familiare per promuovere la comprensione e la connessione tra i membri della famiglia.

28. **Comunicazione nella Cura della Salute**: Nell'ambito della sanità, la NVC può essere utilizzata per migliorare la comunicazione tra operatori sanitari e pazienti, facilitando una migliore comprensione delle esigenze dei pazienti e promuovendo la compassione nella cura.

29. **Educazione Scolastica**: La NVC è utilizzata in molte scuole per insegnare agli studenti competenze di comunicazione empatica e risoluzione dei conflitti. Può essere integrata con approcci educativi basati sulla consapevolezza emotiva per migliorare la gestione delle emozioni degli studenti. L'integrazione della NVC con queste pratiche può arricchire notevolmente la tua comprensione delle dinamiche relazionali e la tua abilità di comunicare in modo empatico e rispettoso. Sperimenta con queste integrazioni in base ai contesti in cui ti trovi e alle tue esigenze personali

per scoprire come la NVC può migliorare la tua vita e le tue relazioni.

In conclusione, l'integrazione della Comunicazione Nonviolenta (NVC) con altre pratiche di comunicazione e sviluppo personale offre un'opportunità preziosa per arricchire la tua comprensione delle relazioni interpersonali e per sviluppare abilità di comunicazione più empatiche e rispettose. Questa integrazione può avvenire in vari contesti, tra cui relazioni personali, educazione, ambiente di lavoro, salute mentale e molto altro.

L'importante è considerare che l'integrazione richiede tempo e pratica. Ecco alcune considerazioni finali:

1. **Sperimentazione**: Sii aperto alla sperimentazione. Ogni persona è unica, e ciò che funziona meglio per te potrebbe non funzionare per gli altri. Prova diverse integrazioni e scopri cosa si adatta meglio alle tue esigenze e ai tuoi obiettivi.

2. **Consapevolezza**: Mantieni una consapevolezza costante delle tue interazioni e delle tue reazioni. L'obiettivo è diventare più consapevole dei tuoi sentimenti, bisogni e reazioni durante le conversazioni.

3. **Apprendimento Continuo**: L'integrazione non si ferma mai. Continua ad apprendere, a

esplorare nuove pratiche e ad affinare le tue abilità di comunicazione. Puoi frequentare corsi, leggere libri, partecipare a gruppi di pratica e impegnarti in un processo di crescita continua.

4. **Empatia**: La NVC si basa sulla capacità di empatia. Apprendere a mettersi nei panni degli altri e a comprendere i loro sentimenti e bisogni è una competenza chiave. L'integrazione con altre pratiche può rafforzare questa abilità.

5. **Rispetto per la Diversità**: Quando integri la NVC con altre pratiche, tieni presente che le persone hanno esperienze e contesti diversi. Rispetta la diversità delle prospettive e delle esigenze e cerca di adattare la tua comunicazione in modo appropriato.

6. **Consulenza**: Se incontri difficoltà o desideri approfondire ulteriormente l'integrazione, considera la possibilità di consultare un professionista o un facilitatore esperto nella NVC o nelle pratiche con cui desideri integrarla. Possono offrire orientamenti preziosi.

7. **Pratica Costante**: La pratica costante è fondamentale. Ricorda che le abilità di comunicazione empatica richiedono tempo per essere acquisite e perfezionate. Lavora su di esse regolarmente per migliorare la tua competenza. Infine, tieni presente che l'obiettivo dell'integrazione è creare relazioni più sane, connesse e rispettose. Continua a esplorare, a

sperimentare e a condividere queste competenze
per migliorare la tua vita e il tuo impatto sul
mondo che ti circonda.

18. La NVC nel Mondo Digitale: Riflettere
sull'applicazione della NVC nei contesti digitali,
social media e comunicazione online.
L'applicazione della Comunicazione Nonviolenta
(NVC) nei contesti digitali, inclusi i social media
e la comunicazione online, è una sfida
significativa ma altamente rilevante nell'era
digitale in cui viviamo. Qui di seguito,
esamineremo come la NVC può essere adattata e
applicata efficacemente in questi contesti:

1. **Consapevolezza delle Parole Online**: La
   NVC inizia con la consapevolezza delle parole che
   scegliamo. Quando comunichiamo online, spesso
   perdiamo di vista l'impatto delle nostre parole
   sugli altri. La NVC ci insegna a prestare
   attenzione a ciò che diciamo e come lo diciamo,
   anche nei commenti sui social media o in una
   conversazione online.

2. **Riconoscimento dei Sentimenti e Bisogni**:
   Anche online, le persone sperimentano
   sentimenti e hanno bisogni. La NVC ci invita a
   riconoscere questi sentimenti e bisogni, sia nei
   nostri messaggi che nelle risposte degli altri. Ad
   esempio, invece di reagire impulsivamente a un

commento offensivo, possiamo chiederci: "Quali bisogni stanno cercando di soddisfare?"

3. **Evitare il Giudizio e l'Aggressività**: Uno dei principi fondamentali della NVC è evitare il giudizio e l'aggressività. Online, dove le discussioni possono diventare rapidamente polarizzate, questo è particolarmente rilevante. La NVC ci insegna a esprimere le nostre opinioni in modo rispettoso e ad ascoltare le opinioni degli altri senza giudicare.

4. **Ascolto Empatico Online**: L'ascolto empatico è altrettanto importante online come lo è faccia a faccia. Possiamo praticare l'ascolto empatico rispondendo alle preoccupazioni degli altri in modo che si sentano compresi e rispettati. Questo può contribuire a ridurre la conflittualità e promuovere discussioni più costruttive.

5. **Rispetto dei Limiti Personali**: La NVC ci insegna a rispettare i nostri limiti personali e quelli degli altri. Online, questo può tradursi nell'evitare la pressione o la coercizione per far partecipare gli altri a discussioni o attività che non desiderano.

6. **Comunicazione Rispettosa**: La NVC promuove una comunicazione rispettosa e nonviolenta. Questo significa evitare insulti, trollaggio o altre forme di aggressione online. Le parole hanno un impatto duraturo online e possono influenzare il benessere degli altri.

7. **Risolvere Conflitti Online**: La NVC è efficace nella risoluzione dei conflitti. Quando si verificano dispute online, possiamo applicare i principi della NVC per cercare di comprendere le preoccupazioni degli altri e cercare soluzioni che soddisfino i bisogni di tutte le parti coinvolte.

8. **Educazione alla NVC Online**: La formazione alla NVC può essere offerta online attraverso webinar, corsi e forum di discussione. Queste risorse consentono alle persone di apprendere e praticare la NVC online, creando comunità di apprendimento virtuali.

9. **Messa in Pratica dei Principi**: La chiave per l'applicazione della NVC online è la messa in pratica costante dei suoi principi. È un impegno che richiede tempo e sforzo, ma può portare a una comunicazione online più costruttiva e a relazioni virtuali più sane.

In sintesi, la NVC può essere applicata nei contesti digitali con una consapevolezza e un impegno costante. Questo può contribuire a ridurre la conflittualità online, promuovere discussioni più costruttive e favorire la compassione e l'empatia nell'era digitale. La NVC offre un quadro prezioso per affrontare le sfide della comunicazione online in modo rispettoso e nonviolento.

- continua fornendomi informazioni sempre diverse riguardo questo punto nel modo piu' lungo e dettagliato possibile, senza capitoli e senza concludere il punto

10.      **Responsabilità Digitale**: La NVC ci insegna a prendere responsabilità per le nostre parole e azioni. Nel mondo digitale, questo significa essere responsabili delle informazioni che condividiamo, evitando la diffusione di notizie false o fuorvianti. Inoltre, implica una riflessione sulla nostra presenza online e sulle interazioni che intratteniamo.

11. **Sostenere la Comunità Online**: La NVC può essere utilizzata per costruire comunità online più forti e rispettose. Invece di alimentare discussioni infuocate, possiamo cercare di creare spazi in cui le persone si sentano ascoltate e rispettate. Questo può favorire una cultura di comunicazione più empatica e collaborativa.

12. **Consapevolezza delle Convinzioni Limitanti**: La NVC ci invita a esplorare le nostre convinzioni limitanti e a essere consapevoli di come queste possano influenzare la nostra comunicazione. Nei contesti digitali, dove le persone tendono a polarizzarsi su questioni politiche o sociali, riconoscere e sfidare le convinzioni limitanti può portare a una comunicazione più aperta e rispettosa.

13. **Empatia nei Confronti del Cyberbullismo**: Il cyberbullismo è un problema serio online. La NVC può essere utilizzata per affrontare questo problema in modo empatico, sia nel supporto delle vittime che nell'affrontare gli aggressori. Promuovere un'empatia più diffusa può contribuire a ridurre il cyberbullismo.

14. **Riflessione Prima di Rispondere**: Un principio chiave della NVC è la riflessione prima di rispondere. In contesti digitali, dove le risposte immediate sono comuni, prendersi il tempo per riflettere prima di rispondere può evitare incomprensioni e conflitti online.

15. **Sviluppo delle Competenze di Comunicazione**: La NVC è un insieme di competenze di comunicazione che possono essere sviluppate nel tempo. Questo vale anche per i contesti digitali. Imparare a scrivere messaggi chiari, rispettosi e empatici online richiede pratica, ma può migliorare notevolmente la qualità delle tue interazioni.

16. **Comunicazione Positiva**: La NVC ci incoraggia a comunicare in modo positivo e costruttivo. Puoi applicare questo principio online promuovendo la gratitudine, l'apprezzamento e la condivisione di contenuti che ispirino e incoraggino gli altri.

17. **Gestione dei Conflitti Online**: La NVC offre un quadro efficace per gestire i conflitti online.

Puoi utilizzare i suoi principi per affrontare i conflitti in modo costruttivo e cercare soluzioni che soddisfino i bisogni di tutte le parti coinvolte.

18. **Resilienza Emotiva Online**: La NVC può aiutarti a sviluppare la resilienza emotiva online. Imparare a gestire le critiche, le insulti o le discussioni accese in modo empatico può aiutarti a mantenere un benessere emotivo anche in contesti digitali stressanti.

19. **Costruzione di Relazioni Online Durature**: La NVC promuove la costruzione di relazioni basate sulla fiducia e il rispetto reciproco. Applicare questi principi online può aiutarti a creare relazioni online più durature e significative.

In conclusione, la NVC offre un prezioso quadro di riferimento per affrontare le sfide della comunicazione online in modo empatico, rispettoso e nonviolento. L'applicazione di questi principi nei contesti digitali può contribuire a una comunicazione più costruttiva e a relazioni online più sane e positive. Tuttavia, è importante notare che la pratica costante è essenziale per sviluppare competenze efficaci di comunicazione online basate sulla NVC.

Certamente, continuiamo a esplorare l'applicazione della Comunicazione Nonviolenta (NVC) nei contesti digitali in modo dettagliato:

20. **Supportare il Dialogo Costruttivo**: Nei dibattiti online spesso si verificano situazioni in cui le persone non sono disposte ad ascoltare o a comprendere le opinioni altrui. La NVC può essere utilizzata per favorire il dialogo costruttivo. Puoi iniziare chiedendo alle persone di condividere i loro bisogni e preoccupazioni prima di esprimere le loro opinioni. Questo approccio promuove la comprensione reciproca.

21. **Evitare l'Escalation degli Conflitti**: Le discussioni online possono rapidamente sfociare in conflitti accesi. La NVC ci insegna a riconoscere quando una conversazione sta diventando distruttiva e a intervenire per evitare l'escalation. Puoi farlo cercando di riconnettere le persone ai loro bisogni e cercando soluzioni che soddisfino entrambe le parti.

22. **Messaggi Empatici nei Commenti**: Quando rispondi ai commenti online, puoi utilizzare messaggi empatici che riflettono ciò che hai compreso delle preoccupazioni dell'altra persona. Ad esempio, potresti dire: "Sembra che tu sia preoccupato per X. Posso capire come ti senti." Questo dimostra un genuino interesse per le persone con cui stai comunicando.

23.     **Bilanciare Empatia e Autenticità**: Mentre l'empatia è fondamentale, è anche importante essere autentici. La NVC ci insegna a trovare un equilibrio tra empatia e l'espressione onesta dei nostri sentimenti e bisogni. Puoi condividere come ti senti e ciò di cui hai bisogno senza giudicare gli altri.

24.     **Creare Spazi di Dialogo Sicuri**: Puoi utilizzare la NVC per creare spazi online sicuri in cui le persone si sentano a loro agio nel condividere le proprie esperienze e opinioni. Questo può promuovere una comunicazione più aperta e rispettosa.

25.     **Rispettare la Privacy e la Dignità**: La NVC ci ricorda l'importanza di rispettare la privacy e la dignità delle persone. Evita di condividere informazioni personali o di fare rivelazioni imbarazzanti online. Mantenere il rispetto per la privacy degli altri è fondamentale.

26.     **Promuovere Contenuti Positivi**: Puoi utilizzare la NVC per promuovere contenuti online positivi e ispiratori. La condivisione di storie di successo, citazioni ed esperienze che promuovono la compassione e l'empatia può contribuire a creare un ambiente online più positivo.

27.     **Mantenere Limiti Sani**: Anche online, è importante stabilire e rispettare i tuoi limiti personali. Se una conversazione online diventa

troppo conflittuale o dannosa per il tuo benessere, è accettabile ritirarsi o porre fine alla conversazione.

28.    **Educazione e Sensibilizzazione**: Puoi utilizzare la NVC per educare e sensibilizzare gli altri all'importanza della comunicazione empatica online. Organizzare workshop, webinar o discussioni online può diffondere l'approccio della NVC in una comunità più ampia.

29.    **Promuovere il Cambiamento Positivo**: La NVC è anche incentrata sul promuovere il cambiamento positivo. Puoi applicare questo principio nei contesti online incoraggiando azioni e comportamenti che portino a un impatto sociale positivo.

In conclusione, l'applicazione della NVC nei contesti digitali richiede un impegno costante per sviluppare abilità di comunicazione empatica e rispettosa online. L'uso dei principi della NVC può contribuire a ridurre la conflittualità, a promuovere discussioni costruttive e a creare un ambiente online più sano e positivo. Ricorda che la pratica continua è fondamentale per affinare queste abilità e influenzare positivamente la comunicazione digitale.

30. **Crescita dell'Empatia Online**: L'empatia è un elemento chiave della NVC. Nel mondo digitale, puoi contribuire a promuovere la crescita dell'empatia attraverso le tue interazioni online. Rispondere alle persone in modo empatico, anche quando sei in disaccordo, può ispirare comportamenti simili da parte degli altri.

31. **Prevenire e Gestire l'Offesa Online**: Le discussioni online spesso sfociano in insulti o offese. La NVC ci insegna a prevenire e gestire l'offesa in modo costruttivo. Puoi farlo chiedendo alle persone di chiarire cosa intendono invece di reagire emotivamente all'offesa. Questo può interrompere il ciclo di provocazioni e risentimenti.

32. **Promuovere la Riflessione e l'Apprendimento**: La NVC incoraggia la riflessione e l'apprendimento costante. Puoi promuovere queste pratiche online condividendo risorse educative, incoraggiando le persone a esaminare diverse prospettive e partecipando a discussioni basate sull'apprendimento reciproco.

33. **Gestione delle Critiche Costruttive**: Ricevere critiche online può essere difficile, ma la NVC può aiutare a gestirle in modo costruttivo. Puoi rispondere alle critiche con gratitudine per l'opportunità di migliorare e chiedere ulteriori dettagli per comprendere meglio le preoccupazioni dell'altra persona.

34. **Prevenire la Conflittualità Online**: La NVC promuove la prevenzione dei conflitti attraverso la comunicazione empatica e il riconoscimento dei bisogni. Puoi applicare questi principi online cercando di anticipare le possibili fonti di conflitto e affrontandole in modo proattivo.

35. **Crescita delle Comunità di Supporto Online**: La NVC può essere utilizzata per promuovere la crescita delle comunità di supporto online. Puoi creare spazi in cui le persone condividono le proprie sfide, esperienze e successi, incoraggiando la condivisione empatica e il sostegno reciproco.

36. **Linguaggio Inclusivo e Sensibile**: La NVC ci insegna a utilizzare un linguaggio inclusivo e sensibile. Puoi applicare questa pratica online utilizzando un linguaggio che rispetti l'identità di genere, l'orientamento sessuale, la razza, l'etnia e altre diversità, creando così un ambiente online più accogliente per tutti.

37. **Miglioramento delle Abilità di Mediazione Online**: La NVC può essere utilizzata per sviluppare abilità di mediazione online. Se sei coinvolto in una discussione online difficile, puoi agire come mediatore per aiutare le parti coinvolte a comunicare in modo più empatico e trovare soluzioni.

38. **Comunicazione Efficace con i Giovani Online**: La NVC è altamente adattabile e può essere utilizzata per comunicare efficacemente con i giovani online. Puoi applicare i principi della NVC per stabilire connessioni significative con i giovani e affrontare le sfide della comunicazione online con loro.

39. **Pratica Regolare**: Infine, per diventare davvero efficaci nell'applicare la NVC nei contesti digitali, è fondamentale una pratica regolare. Ciò significa lavorare costantemente su te stesso e sulle tue abilità di comunicazione online, cercando sempre di migliorare e crescere.
In conclusione, l'applicazione della NVC nei contesti digitali richiede un impegno costante e una pratica regolare. Può portare a un'evoluzione positiva delle tue interazioni online, contribuendo a creare un ambiente di comunicazione più empatico, rispettoso e costruttivo. Ricorda che la NVC è un percorso di crescita personale che può avere un impatto positivo sia online che offline.

In conclusione, l'applicazione della Comunicazione Nonviolenta (NVC) nei contesti digitali offre una serie di benefici significativi per migliorare la qualità delle tue interazioni online e per promuovere un ambiente di comunicazione più empatico, rispettoso e costruttivo. Ecco alcuni punti chiave per riassumere questa importante pratica:

1. **Empatia Online**: La NVC promuove la pratica dell'empatia online, incoraggiandoti a comprendere i sentimenti e i bisogni degli altri utenti. Questo favorisce una maggiore comprensione reciproca e può prevenire conflitti.

2. **Prevenzione dei Conflitti**: Utilizzando la NVC, puoi anticipare le possibili fonti di conflitto e affrontarle in modo proattivo, riducendo il rischio di discussioni negative e offensive.

3. **Rispetto per la Diversità**: La NVC ti incoraggia a utilizzare un linguaggio inclusivo e rispettoso delle diversità culturali, di genere, etniche e di altro tipo. Questo crea un ambiente online più accogliente per tutti.

4. **Gestione dei Conflitti Online**: Quando si verificano conflitti, puoi applicare i principi della NVC per gestirli in modo costruttivo, cercando soluzioni che soddisfino i bisogni di tutte le parti coinvolte.

5. **Crescita dell'Empatia Online**: Promuovere l'empatia online attraverso le tue interazioni può ispirare comportamenti simili da parte degli altri, contribuendo a creare una cultura di comunicazione più empatica.

6. **Prevenire e Gestire l'Offesa Online**: La NVC ti insegna a prevenire e gestire l'offesa in modo

costruttivo, interrompendo il ciclo di provocazioni e risentimenti.

7. **Crescita delle Comunità di Supporto**: Puoi utilizzare la NVC per favorire la crescita di comunità di supporto online, in cui le persone condividono le proprie sfide, esperienze e successi.

8. **Mediazione Online**: Se hai competenze avanzate nella NVC, puoi agire come mediatore in discussioni online difficili per aiutare le parti coinvolte a comunicare in modo più empatico e trovare soluzioni.

9. **Comunicazione con i Giovani Online**: La NVC è adattabile e può essere utilizzata per comunicare efficacemente con i giovani online, stabilendo connessioni significative con loro e affrontando le sfide della comunicazione digitale.

10. **Pratica Costante**: Infine, una pratica costante è essenziale per diventare un comunicatore efficace basato sulla NVC online. La crescita personale e l'apprendimento continuo sono fondamentali.

In sintesi, l'applicazione della NVC nei contesti digitali può contribuire a creare un ambiente online più sano, rispettoso e costruttivo. Tuttavia, è importante ricordare che la NVC è una pratica che richiede tempo e sforzo per essere padroneggiata completamente. L'impegno costante nel migliorare le tue abilità di comunicazione empatica online può portare a relazioni online più positive e significative.

19. Critiche e Controversie: Presentare le principali critiche rivolte alla NVC e le risposte dei suoi sostenitori.

**Critica 1: Idealismo Eccessivo** *Critica*: Alcuni critici sostengono che la NVC promuove un idealismo eccessivo, suggerendo che le persone possano sempre comunicare in modo empatico e rispettoso, il che potrebbe essere irrealistico nelle situazioni della vita reale. *Risposta*: I sostenitori della NVC riconoscono che nessuno è perfetto nell'applicare questi principi in ogni momento. Tuttavia, la NVC fornisce un modello e strumenti per migliorare la comunicazione e ridurre i conflitti. Non si tratta di perfezione, ma di un impegno per migliorare le abilità di comunicazione nel tempo.

**Critica 2: Manca di Considerazione per il Potere e la Struttura Sociale** *Critica*: Alcuni critici ritengono che la NVC non tenga sufficientemente conto delle disuguaglianze di potere e delle strutture sociali che influenzano le dinamiche delle relazioni. *Risposta*: I sostenitori della NVC riconoscono l'importanza del contesto sociale e delle disuguaglianze di potere. La NVC invita le persone a essere consapevoli di queste dinamiche e ad adottare un approccio empatico quando si comunicano con chi ha meno potere o è emarginato.

**Critica 3: Rischio di Soppressione delle Emozioni** *Critica*: Alcuni ritengono che la NVC possa portare alla soppressione delle emozioni genuine, poiché enfatizza la comunicazione pacifica e l'espressione dei sentimenti in modo controllato.

*Risposta*: I sostenitori della NVC sottolineano che l'obiettivo non è sopprimere le emozioni, ma imparare a comprenderle meglio e a esprimerle in modi che favoriscano una comunicazione più costruttiva. La NVC incoraggia l'espressione autentica dei sentimenti, ma in modo che non danneggi le relazioni.

**Critica 4: Eccessiva Complessità** *Critica*: Alcuni sostengono che la NVC può sembrare eccessivamente complessa, con i suoi quattro componenti (osservazione, sentimento, bisogno, richiesta) e le sue fasi di comunicazione.

*Risposta*: I sostenitori della NVC spiegano che la complessità iniziale può essere superata con la pratica. Molti trovano che, una volta acquisite le abilità, la comunicazione diventa più fluida e naturale.

**Critica 5: Applicazione Limitata** *Critica*: Alcuni ritengono che la NVC potrebbe non essere adatta a tutte le situazioni, come quelle che richiedono una risposta rapida o in contesti di emergenza.

*Risposta*: I sostenitori della NVC concordano che ci sono situazioni in cui l'applicazione completa dei principi potrebbe essere difficile, ma ritengono che gli strumenti e la consapevolezza acquisiti attraverso la NVC possono comunque essere utili per migliorare la comunicazione in molte situazioni.

In sintesi, mentre la NVC ha ricevuto alcune critiche, i suoi sostenitori ritengono che fornisca un modello efficace per la comunicazione empatica e il rispetto reciproco. Riconoscono che la sua applicazione può richiedere tempo e pratica, ma vedono i benefici nel miglioramento delle relazioni e nella riduzione dei conflitti. La NVC può essere considerata una risorsa preziosa per affrontare le sfide della comunicazione interpersonale in modo più costruttivo.

## Critica 6: Applicabilità Culturale Limitata

*Critica*: Alcuni sostengono che la NVC potrebbe non essere altrettanto applicabile in tutte le culture e contesti culturali. I principi e il linguaggio possono non essere completamente compresi o adattati in alcune comunità.

*Risposta*: I sostenitori della NVC riconoscono la validità di questa critica e sottolineano che l'adattamento culturale è importante. La NVC non cerca di imporre un modello unico di comunicazione, ma invita le persone a considerare i bisogni culturali e a trovare modi per applicare i principi in modo sensibile alla cultura locale.

**Critica 7: Mancanza di Ricerca Empirica**

*Critica*: Alcuni critici sottolineano che la NVC manca di una solida base di ricerca empirica per dimostrarne l'efficacia e la validità scientifica.

*Risposta*: I sostenitori della NVC riconoscono che c'è spazio per ulteriori ricerche scientifiche sull'efficacia della NVC. Tuttavia, molti individui e comunità hanno sperimentato miglioramenti significativi nelle loro relazioni utilizzando questi principi, il che ha alimentato l'interesse per ulteriori studi.

**Critica 8: Potenziale per l'Abuso Manipolativo** *Critica*: Alcuni temono che le persone possano utilizzare la NVC in modo manipolativo per ottenere ciò che vogliono senza genuina empatia o rispetto per gli altri.

*Risposta*: I sostenitori della NVC sottolineano che l'uso manipolativo dei principi va contro lo spirito della NVC. La vera NVC richiede l'onestà e l'integrità, e gli strumenti non dovrebbero essere usati per fini egoistici o manipolatori.

## Critica 9: Comprensione Superficiale

*Critica*: Alcuni possono adottare superficialmente la NVC senza comprendere appieno i suoi principi. Ciò potrebbe portare a un'applicazione inefficace o distorta dei concetti.

*Risposta*: I sostenitori della NVC enfatizzano l'importanza della formazione adeguata e della pratica continua per ottenere una comprensione più profonda e una migliore applicazione dei principi. La NVC richiede tempo per essere padroneggiata, ma offre benefici crescenti con la pratica costante.

## Critica 10: La NVC non Risolve Tutti i Problemi

*Critica*: Alcuni critici sottolineano che la NVC non è una panacea e potrebbe non risolvere tutti i problemi nelle relazioni o nella società.

*Risposta*: I sostenitori della NVC concordano che non è una soluzione magica, ma una guida per migliorare la comunicazione e ridurre i conflitti. Può essere efficace in molte situazioni, ma è importante riconoscere che ogni situazione è unica e potrebbero essere necessari approcci diversi.

In sintesi, la Comunicazione Nonviolenta è soggetta a critiche legittime, ma i suoi sostenitori ritengono che fornisca ancora una base solida per migliorare le relazioni e la comunicazione. Riconoscono l'importanza di un approccio adattabile e consapevole alle diverse situazioni e contesti. La NVC, quando praticata con sincerità e rispetto per gli altri, può contribuire a promuovere relazioni più empatiche e un mondo in cui la comunicazione è basata sulla comprensione reciproca.

**Critica 11: Limitazioni nella Risoluzione dei Conflitti Complessi** *Critica*: Alcuni ritengono che la NVC potrebbe non essere sufficiente per risolvere conflitti complessi e di lunga data, specialmente quelli legati a questioni politiche, sociali o globali.

*Risposta*: I sostenitori della NVC concordano che la NVC è più efficace in situazioni di conflitto interpersonale o comunitario. Tuttavia, ritengono che i principi della NVC, come l'empatia e la comprensione reciproca, possano contribuire a creare un terreno fertile per affrontare questioni più ampie, anche se potrebbero essere necessari altri approcci specifici.

**Critica 12: Rischio di Passività o Complicità** *Critica*: Alcuni temono che la NVC possa portare le persone a evitare i conflitti o a tollerare comportamenti inaccettabili per paura di essere considerate nonviolente.

*Risposta*: I sostenitori della NVC sottolineano che l'obiettivo non è evitare i conflitti o tollerare il comportamento inaccettabile. La NVC insegna a gestire i conflitti in modo costruttivo e ad affrontare le situazioni di modo efficace. La nonviolenza si riferisce più a un approccio gentile e rispettoso nella comunicazione, non a evitare i problemi reali.

## Critica 13: Difficoltà nell'Applicazione in Situazioni Estreme

*Critica*: Alcuni ritengono che la NVC potrebbe essere difficile da applicare in situazioni estreme o di pericolo, come situazioni di abuso o violenza.

*Risposta*: I sostenitori della NVC riconoscono che in situazioni di pericolo la sicurezza personale è prioritaria. La NVC potrebbe non essere appropriata in contesti estremi. Tuttavia, in molti casi, la NVC ha aiutato le persone a comunicare più chiaramente anche in situazioni difficili, contribuendo alla risoluzione pacifica dei conflitti.

## Critica 14: Rischio di Perfezionismo

*Critica*: Alcuni individui potrebbero sentirsi sopraffatti dalla pressione di applicare la NVC perfettamente, il che potrebbe generare ansia o frustrazione.

*Risposta*: I sostenitori della NVC incoraggiano la gentilezza verso se stessi e gli altri nell'apprendimento e nell'applicazione dei principi della NVC. Nessuno è perfetto, e il perfezionismo va contro lo spirito della NVC.

L'obiettivo è migliorare gradualmente le abilità di comunicazione.

**Critica 15: Mancanza di Consapevolezza delle Emozioni Proprie** *Critica*: Alcuni ritengono che la NVC potrebbe enfatizzare troppo l'attenzione alle emozioni degli altri, a discapito della consapevolezza delle proprie emozioni.

*Risposta*: I sostenitori della NVC sottolineano che l'empatia verso gli altri è solo un aspetto della pratica. La NVC incoraggia anche la consapevolezza delle proprie emozioni e bisogni. La comprensione di sé è fondamentale per comunicare in modo empatico con gli altri. Continuare a esplorare queste critiche e risposte offre un quadro più completo della NVC e delle sfide che le persone possono incontrare nel suo utilizzo. La NVC è una pratica in evoluzione che richiede riflessione continua e adattamento alle diverse situazioni e alle esigenze delle persone coinvolte.

**Critica 16: Rischio di Suppressione delle Differenze** *Critica*: Alcuni critici temono che la NVC possa portare alla supposizione che tutte le divergenze o le differenze debbano essere risolte o eliminate, rischiando di negare l'importanza di una diversità legittima.

*Risposta*: I sostenitori della NVC chiariscono che la NVC non mira ad eliminare le differenze, ma a gestirle in modo costruttivo. La NVC promuove la comprensione delle differenze senza giudizio e invita le persone a trovare soluzioni che rispettino le esigenze e i valori di tutti i soggetti coinvolti.

**Critica 17: Limitazioni in Contesti Professionali** *Critica*: Alcuni ritengono che la NVC potrebbe non essere completamente adatta o efficace nei contesti professionali, come luoghi di lavoro aziendali, dove le dinamiche possono essere diverse da quelle interpersonali.

*Risposta*: I sostenitori della NVC riconoscono che la NVC potrebbe richiedere adattamenti nei contesti professionali. Tuttavia, molti hanno trovato la NVC utile nel migliorare la comunicazione in ambienti lavorativi, specialmente per gestire conflitti, migliorare la leadership e promuovere la collaborazione.

**Critica 18: Potenziale per la Manipolazione Emotiva** *Critica*: Alcuni ritengono che la NVC potrebbe essere utilizzata in modo manipolativo, con persone che cercano di suscitare empatia negli altri per ottenere ciò che desiderano senza considerare sinceramente le esigenze degli altri.

*Risposta*: I sostenitori della NVC sottolineano che l'uso della NVC con intenti manipolativi è incompatibile con i principi della pratica. La vera NVC richiede autenticità e rispetto per gli altri. Se utilizzata in modo manipolativo, non è più autentica comunicazione empatica.

**Critica 19: Applicazione Severa o Dogmatica** *Critica*: Alcuni individui potrebbero applicare la NVC in modo rigido o dogmatico, cercando di forzare gli altri a seguire i principi senza considerare le circostanze o i contesti.

*Risposta*: I sostenitori della NVC invitano all'uso flessibile dei principi, riconoscendo che ogni situazione è unica. La NVC dovrebbe essere applicata con sensibilità alle esigenze delle persone coinvolte e con un approccio aperto alla comprensione reciproca.

**Critica 20: Mancanza di Focus sulla Soluzione dei Problemi** *Critica*: Alcuni ritengono che la NVC potrebbe concentrarsi troppo sulla comprensione e l'espressione delle emozioni e dei bisogni senza affrontare attivamente i problemi e cercare soluzioni concrete.

*Risposta*: I sostenitori della NVC sottolineano che la NVC è un processo completo che include la fase di risoluzione dei problemi. Dopo aver compreso le emozioni e i bisogni, la NVC invita a lavorare insieme per trovare soluzioni che soddisfino le esigenze di tutte le parti coinvolte.

In conclusione, queste critiche e risposte offrono una visione più completa della NVC e delle sfide che potrebbero sorgere durante la sua applicazione. La NVC è un approccio alla comunicazione che si evolve con la pratica e richiede una comprensione profonda e un impegno verso la comunicazione empatica e rispettosa. La sua applicazione è destinata a migliorare le relazioni e a favorire una comunicazione più efficace in un'ampia gamma di contesti.

**Critica 21: Limiti della NVC nel Trattare con Persone Manipolative** *Critica*: Alcuni ritengono che la NVC potrebbe non essere efficace quando si tratta con persone manipolative o abusive, poiché tali individui potrebbero sfruttare la comunicazione empatica per i propri scopi.

*Risposta*: I sostenitori della NVC riconoscono che ci possono essere limiti nell'affrontare persone manipolative o abusive attraverso la sola NVC. In queste situazioni, la sicurezza personale è prioritaria, e potrebbe essere necessario cercare supporto professionale o legale.

**Critica 22: Complessità nell'Applicazione in Situazioni di Gruppo** *Critica*: Alcuni ritengono che la NVC potrebbe essere complessa da applicare in situazioni di gruppo o in riunioni, dove le dinamiche sociali possono essere più intricate.

*Risposta*: I sostenitori della NVC notano che, sebbene possa essere più complessa in contesti di gruppo, la NVC può essere efficace nella promozione di una comunicazione più chiara e rispettosa tra i membri del gruppo. La pratica e la formazione possono aiutare a sviluppare le competenze necessarie per applicare la NVC in situazioni di gruppo.

## Critica 23: Potenziale per il Disinteresse

*Critica*: Alcuni individui potrebbero sperimentare disinteresse o frustrazione nell'ascoltare gli altri in modo empatico, soprattutto se la comunicazione è prolungata o si ripete frequentemente.

*Risposta*: I sostenitori della NVC comprendono che l'ascolto empatico può essere impegnativo, specialmente in situazioni complesse o prolungate. Tuttavia, sottolineano che l'ascolto empatico è un atto di gentilezza e compassione che può migliorare notevolmente la qualità delle relazioni. La pratica della NVC include anche la gestione del proprio benessere emotivo.

## Critica 24: Utilizzo Improprio dei Termini della NVC *Critica*: Alcuni individui potrebbero utilizzare i termini specifici della NVC in modo improprio o disinformato, creando confusione o fraintendimenti.

*Risposta*: I sostenitori della NVC enfatizzano l'importanza di una comprensione accurata dei concetti e dei termini della NVC. Invitano alla formazione adeguata e alla pratica continua per evitare malintesi e per garantire un'applicazione efficace dei principi.

## Critica 25: NVC come Processo Continuo

*Critica*: Alcuni potrebbero sentirsi sopraffatti dalla percezione che la NVC richieda uno sforzo continuo e che non si possa mai raggiungere una comunicazione perfetta.

*Risposta*: I sostenitori della NVC concordano che la NVC è un processo in evoluzione e che non c'è una "perfezione" nella comunicazione. Tuttavia, ritengono che ogni sforzo per migliorare la comunicazione e le relazioni sia prezioso e possa portare a risultati significativi.

La Comunicazione Nonviolenta è un approccio complesso e sfaccettato alla comunicazione e alle relazioni, e queste critiche e risposte riflettono la diversità di opinioni e esperienze legate alla sua pratica. La NVC offre strumenti e principi che possono arricchire la nostra comprensione reciproca e contribuire alla costruzione di relazioni più sane e rispettose.

In conclusione, la Comunicazione Nonviolenta (NVC) è un approccio alla comunicazione e alle relazioni interpersonali che mira a promuovere la comprensione reciproca, la compassione e la risoluzione costruttiva dei conflitti. Tuttavia, come qualsiasi approccio, la NVC non è immune da critiche e sfide. È importante considerare che queste critiche spesso emergono dalla varietà di situazioni in cui la NVC può essere applicata e dalle esperienze individuali delle persone.

Le critiche sollevate riguardano diversi aspetti, tra cui la capacità della NVC di affrontare situazioni di manipolazione, la sua applicabilità in contesti di gruppo complessi, la possibilità di disinteresse nell'ascolto empatico prolungato e il rischio di uso improprio dei suoi termini e concetti.

Le risposte ai quesiti sopra menzionati sottolineano l'importanza di un approccio flessibile alla NVC, in cui si tenga conto delle circostanze specifiche e delle esigenze delle persone coinvolte. La NVC non dovrebbe essere vista come una soluzione universale a tutti i problemi di comunicazione, ma piuttosto come una serie di strumenti che possono essere adattati alle diverse situazioni.

Infine, va ricordato che la pratica della NVC richiede tempo, impegno e formazione continua. L'obiettivo non è raggiungere una perfezione irraggiungibile, ma migliorare gradualmente le competenze di comunicazione e sviluppare relazioni più empatiche e rispettose. La NVC può essere un prezioso contributo alla crescita personale e alla creazione di comunità più armoniose e connesse quando applicata con consapevolezza e autenticità.

20. Conclusione e Riflessioni Finali: Concludere con una riflessione sulla rilevanza della NVC nel mondo contemporaneo e sugli impatti potenziali per il futuro delle relazioni umane.
La Comunicazione Nonviolenta (NVC) rappresenta un approccio prezioso e sempre più rilevante nel mondo contemporaneo, dove la comunicazione e le relazioni umane sono fondamentali per la nostra convivenza e il nostro benessere. Nella conclusione di questo libro, possiamo riflettere sulla sua rilevanza e sugli impatti potenziali per il futuro delle relazioni umane.
La NVC ci insegna a comunicare in modo più empatico, rispettoso e comprensivo. In un'epoca in cui la comunicazione è spesso caratterizzata da tensioni, fraintendimenti e conflitti, l'approccio della NVC offre strumenti per superare queste sfide. Ci invita a guardare oltre le differenze esterne, come la cultura, la religione o l'opinione politica, per concentrarci sui bisogni e le emozioni universali che condividiamo tutti. Questo può contribuire a costruire ponti di

comprensione reciproca in un mondo sempre più interconnesso.

Inoltre, la NVC promuove la risoluzione costruttiva dei conflitti. In un'epoca in cui i conflitti possono portare a divisioni profonde e persino alla violenza, la NVC ci offre un approccio per affrontare i conflitti in modo pacifico, cercando soluzioni che rispettino le esigenze di tutte le parti coinvolte. Questa abilità è essenziale per la costruzione di comunità più armoniose e per il progresso sociale.

La NVC può anche influenzare positivamente la sfera professionale, migliorando la comunicazione tra colleghi e dirigenti, promuovendo un ambiente di lavoro più collaborativo e favorendo la leadership empatica. Le organizzazioni che adottano la NVC possono sperimentare una maggiore soddisfazione dei dipendenti e una maggiore efficienza nella gestione dei conflitti interni.

Tuttavia, affinché la NVC possa avere un impatto significativo sul futuro delle relazioni umane, è necessario un impegno individuale e collettivo. La pratica della NVC richiede tempo e dedizione, ma i benefici che può portare sono inestimabili. Dobbiamo impegnarci a coltivare la consapevolezza delle nostre emozioni e dei nostri bisogni, a migliorare le nostre abilità di ascolto empatico e a comunicare in modo autentico.

In conclusione, la Comunicazione Nonviolenta è un'ancora di speranza in un mondo spesso caratterizzato da divisioni e conflitti. È un invito a riscoprire la nostra connessione con gli altri esseri umani e a costruire un futuro basato sulla comprensione reciproca, la compassionevolezza e il rispetto. Se adottiamo questi principi nella nostra vita quotidiana, possiamo contribuire a un mondo in cui le relazioni umane sono fondate sulla pace, sull'amore e sulla cooperazione.

In conclusione, questo libro ha esplorato in dettaglio la Comunicazione Nonviolenta (NVC) e i suoi principi chiave. Ecco un riassunto dei principali punti trattati:

1. **Introduzione alla NVC**: Abbiamo iniziato con una panoramica della NVC, i suoi obiettivi principali e il suo fondatore, Marshall Rosenberg.

2. **I Quattro Componenti della NVC**: Abbiamo esaminato i quattro componenti fondamentali della NVC: osservazione, sentimento, bisogno e richiesta.

3. **Osservazione Senza Giudizio**: Abbiamo discusso dell'importanza di osservare senza giudicare e fornito esempi pratici su come sviluppare questa abilità.

4. **Espressione dei Sentimenti**: Abbiamo guidato il lettore nel riconoscimento e

nell'espressione dei propri sentimenti, distinguendoli dai pensieri giudicanti.

5. **Riconoscimento dei Bisogni**: Abbiamo discusso sull'identificazione dei bisogni, propri e altrui, e su come questa consapevolezza possa influire sulla comunicazione.

6. **Formulare Richieste Chiare**: Abbiamo offerto strumenti e consigli per formulare richieste in modo chiaro, diretto e positivo.

7. **L'Ascolto Empatico**: Abbiamo esplorato il ruolo fondamentale dell'ascolto empatico nella NVC e fornito tecniche per sviluppare questa competenza.

8. **Autocompatimento**: Abbiamo analizzato il concetto di autocompatimento e come possa essere integrato nella pratica della NVC.

9. **Uso della NVC in Conflitto**: Abbiamo illustrato come la NVC possa essere utilizzata per risolvere i conflitti e migliorare la qualità delle relazioni.

10. **Pratica e Esercizi**: Abbiamo fornito esercizi pratici e situazioni ipotetiche per aiutare il lettore a integrare i principi della NVC nella vita quotidiana.

11. **Storie di Successo**: Abbiamo condiviso storie reali di individui o gruppi che hanno utilizzato con successo la NVC per migliorare le loro relazioni.

12. **NVC e la Parentela**: Abbiamo esplorato l'applicazione della NVC nella vita familiare e nelle relazioni con i bambini.

13. **NVC e la Comunità**: Abbiamo discusso dell'utilizzo della NVC a livello comunitario e in contesti sociali più ampi.

14. **Ostacoli e Sfide**: Abbiamo analizzato gli ostacoli comuni all'applicazione della NVC e fornito suggerimenti su come superarli.

15. **Risorse e Approfondimenti**: Abbiamo elencato risorse aggiuntive, libri, corsi e siti web per chi desidera approfondire la NVC.

16. **Integrazione con Altre Pratiche**: Abbiamo esaminato come la NVC possa essere integrata con altre pratiche di comunicazione e di sviluppo personale.

17. **NVC nel Mondo Digitale**: Abbiamo riflettuto sull'applicazione della NVC nei contesti digitali, social media e comunicazione online.

18. **Critiche e Controversie**: Abbiamo presentato le principali critiche rivolte alla NVC e le risposte dei suoi sostenitori.

19. **Conclusione e Riflessioni Finali**: Abbiamo concluso con una riflessione sulla rilevanza della NVC nel mondo contemporaneo e sugli impatti potenziali per il futuro delle relazioni umane. Per ulteriori risorse e approfondimenti sulla NVC, ti consiglio di visitare il sito web ufficiale del Center for Nonviolent Communication

([https://www.cnvc.org/](https://www.cnvc.org/)) e di esplorare libri aggiuntivi scritti da Marshall Rosenberg e altri autori esperti in NVC. Continua a praticare e a sviluppare queste competenze, poiché la NVC può contribuire in modo significativo a una comunicazione più empatica e relazioni più sane.